ERP 沙盘模拟经营

主　　编　孙伟力　阳大胜　陈　叶
副 主 编　贺晓德　王　凯　辜文娟
参　　编　郝美丽　邱群霞

吉林大学出版社
·长春·

图书在版编目（CIP）数据

ERP 沙盘模拟经营 ／ 孙伟力，阳大胜，陈叶主编. --
长春：吉林大学出版社，2021.7
ISBN 978-7-5692-8638-0

Ⅰ. ①E… Ⅱ. ①孙… ②阳… ③陈… Ⅲ. ①企业管
理–计算机管理系统–高等职业教育–教材 Ⅳ.
①F272.7

中国版本图书馆 CIP 数据核字（2021）第 161670 号

书　　名　ERP 沙盘模拟经营
　　　　　ERP SHAPAN MONI JINGYING

作　　者　孙伟力　阳大胜　陈叶　主编
策划编辑　黄忠杰
责任编辑　陈曦
责任校对　田茂生
装帧设计　星光德源
出版发行　吉林大学出版社
社　　址　长春市人民大街 4059 号
邮政编码　130021
发行电话　0431-89580028/29/21
网　　址　http://www.jlup.com.cn
电子邮箱　jdcbs@jlu.edu.cn
印　　刷　三河市鑫鑫科达彩色印刷包装有限公司
开　　本　787mm×1092mm　1/16
印　　张　12
字　　数　240 千字
版　　次　2022 年 1 月　第 1 版
印　　次　2022 年 1 月　第 1 次
书　　号　ISBN 978-7-5692-8638-0
定　　价　49.90 元

前　言

21世纪初，"沙盘演练"被引入我国高校的财会类课程教学中后，颇大受欢迎。至今，虽然"智慧财务""云财会"等又似乎引领新潮流，但并不妨碍"ERP沙盘模拟经营"课程作为财会类专业课程体系的重要组成部分。

在ERP沙盘模拟经营中，学员借助ERP沙盘推演自己的企业经营管理思路，每一次基于现场的案例分析及基于数据分析的企业诊断，都会使学员受益匪浅，达到磨炼商业决策敏感度、提升决策能力及长期规划能力的目的。"ERP沙盘模拟经营"课程将理论与实践融为一体、将角色扮演与岗位体验集于一身的设计思路，使学生在参与、体验中完成了从知识到技能的转化，这种体验式教学方式相对于传统理论教学及案例教学，总是历久弥新。

"ERP沙盘模拟经营"课程在我校已开设了十几年，教学团队不断地总结经验和心得，不断进行本课程内涵建设。现借鉴市面其他同类教材的优点、结合合作企业新道公司专家的建议，编写了本教材。

本书的特点是"实用、适用，通俗易懂，可操作性强"。(1)实用：以能力为导向，模拟经营环境、工作岗位、工作流程，做中学、学中做；(2)适用：内容适度，尽量避免过深、过难、偏离实际工作的内容；(3)通俗易懂：理论简洁通俗，多用图表，直观易懂；(4)可操作性强：有操作流程、经营规则和辅助道具，加之教师引领和示范，很容易实现"教、学、做"一体化。

本书以一个制造业的生产经营业务贯穿始终，采用"项目化"的编写体例，内容共8个项目，包括：项目一"ERP沙盘模拟原理"、项目二"模拟企业概况"、项目三"模拟竞争规则"、项目四"ERP沙盘模拟经营实战"、项目五"企业评价"、项目六"企业经营分析报告"、项目七"手工沙盘初始设置"、项目八"企业经营记录表"。每个项目的内容都包括功能概述、实训目的和要求及教学建议，每个实训都包括实训准备、实训要求、实训资料和实训指导。

本书由广州城市职业学院"ERP沙盘模拟经营"课程团队编写。广州城市职业学院教师孙伟力任第一主编，编写了"项目四：ERP沙盘模拟经营实战""项目五：企业评价""项目六：企业经营分析报告""项目八：企业经营记录表"，约22万字左右；阳大胜任第二主编，编写了"项目一：ERP沙盘模拟原理""项目二：模拟企业概况""项目三：模拟竞争规则"，约16万字左右；贺晓德、王凯任第一、二副主编，编写了"项目七：手工沙盘初始设置"；郝美丽、邱群霞参与编写，编写了附表部分。广州珠江职业技术学院陈叶第三主编，编写"项目三：模拟竞争规则"并主审教材，同时，本书在讨论结构、内容和编写过程中，得到了新道科技股份有限公司黄堪敬、徐新华等行业资深人士的建议，在此衷心地表示感谢。

世易时移，创新不已。教育环境的变化和信息技术的换代，也推动着"ERP 沙盘模拟经营"课程的不断发展，再加上我们水平有限，本书难免有挂一漏万之处，敬请读者批评指正。

编者

2021 年 3 月

目 录

项目一　ERP 沙盘模拟经营原理 ……………………………………（1）

　　一、企业经营管理概述 ……………………………………………（1）

　　二、企业经营与管理概述 …………………………………………（4）

　　三、制造业经营管理的职能 ………………………………………（10）

　　四、ERP 沙盘模拟原理 …………………………………………（16）

项目二　模拟企业概况 ………………………………………………（26）

　　一、模拟企业简介 ………………………………………………（26）

　　二、新管理层接手企业 …………………………………………（28）

　　三、初始状态设定 ………………………………………………（45）

项目三　模拟竞争规则 ………………………………………………（48）

　　一、企业经营的本质 ……………………………………………（48）

　　二、市场规则 ……………………………………………………（49）

　　三、企业运营规则 ………………………………………………（53）

项目四　ERP 沙盘模拟经营实战 ……………………………………（57）

　　一、起始年经营 …………………………………………………（57）

　　二、商业情报 ……………………………………………………（64）

　　三、年度持续经营 ………………………………………………（65）

项目五　企业评价 ……………………………………………………（70）

　　一、市场占有率分析 ……………………………………………（70）

　　二、透过财务看经营 ……………………………………………（72）

　　三、企业综合评价 ………………………………………………（86）

项目六　企业经营分析报告 …………………………………………（89）

　　一、企业经营分析报告概述 ……………………………………（89）

　　二、企业经营分析报告的编制 …………………………………（90）

　　三、年度模拟经营成果总结 ………………………………（96）

项目七　手工沙盘初始设置 ………………………………（101）

　　一、沙盘结构介绍 …………………………………………（101）

　　二、员工上岗 ………………………………………………（101）

　　三、模拟企业概况 …………………………………………（103）

　　四、初始状态设定 …………………………………………（105）

　　五、沙盘运营规则 …………………………………………（107）

　　六、市场预测 ………………………………………………（111）

　　七、记分规则 ………………………………………………（115）

项目八　企业模拟经营记录表 ……………………………（117）

项目一
ERP 沙盘模拟经营原理

ERP 沙盘模拟经营就是以 ERP 沙盘为载体，把企业的真实运营状态模拟成微缩情境，通过情境教学、模拟教学的方法对学习者进行企业经营管理的实操培训和教学。因此，学习者需要对企业和企业经营管理的内涵有基本的认识和了解，才能更有效地开展 ERP 沙盘模拟经营的学习。

人们对企业的一般印象是：厂房鳞次栉比、机器声音隆隆、员工来来往往、秩序有条不紊；有的生产家具、服装或者饮品、食品，有的生产重型机械、高科技产品；有的生产有形产品，有的提供无形服务……从外在形式来看，成千上万的大大小小的企业似乎各不相同。但是究其本质，各种企业从管理架构、管理过程、运作模式等方面又存在着一致性和相似性。所以，我们可以从企业的含义、组织架构、管理职能、运作过程去分析和掌握企业的内涵。

一、企业经营管理概述

(一) 企业的概念

1. 企业的含义

企业是社会的经济细胞、市场经济的基本单元，它是指依法设立的以营利为目的、从事商品的生产经营和服务活动的独立核算经济组织。

企业具有以下特征：(1)组织性。不同于家庭和个人，它是通过契约关系纠结而成的开放性、正式的社会组织。(2)经济性。不同于其他社会组织，它是以经济活动为中心，实行全面经济核算，谋求自我利益的极大化。(3)商品性。不同于自然经济组织，它的所有经营活动都是围绕市场和价值规律而开展的。(4)营利性。不同于自给自足的个体户，它的经营是通过资本驱动，追求资本增值和利润最大化。(5)独立性。不同于非法人单位和其他社会组织，它在法律地位和经济核算上都要求具有独立性。(6)创新性。处于竞争的市场经济中，要求企业必须具有"创新"精神，不断追求先进的技术和科学的管理。(7)社会性。现代企业还必须要履行社会责任，在谋求所有者或股东权益最大化之外所负有的维护和增进社会利益的义务，包括：对员工、债权人、消费者的责任、对社会公益、环境和资源的责任、接受政府的管理和监督。

2. **企业的分类**

（1）按出资方式和责任形式不同，企业可以划分为个人独资、合伙制、公司制三种企业形式。个人独资企业是指由一个自然人投资并进行经营的经营实体，投资人以个人财产对企业债务承担无限责任；合伙制企业是指两个以上的合伙人通过订立合伙协议，共同出资、共负盈亏、共担风险，并对企业债务承担无限责任的企业组织形式。公司制企业是指按照《中华人民共和国公司法》，由法定人数以上的投资者（或股东）出资建立、自主经营、自负盈亏具有法人资格的经济组织。

（2）按投资来源和政策优惠不同，企业可划分为内资企业、外资企业和港澳台商投资企业三种企业形式。内资企业是指由我国公民出资创办的企业；外资企业是指由非我国公民出资创办的企业；港澳台商投资企业，是指我国港澳台地区投资人在大陆创办的企业。

（3）按所有制结构不同，企业可划分为全民所有制企业、集体所有制企业、私营企业和外资企业四种企业形式。全民所有制企业，又称国有企业，是指由国家投资，企业所有权全民所有，通过委托代理，实行自主经营、自负盈亏、独立核算的企业。集体所有制企业是指企业所有权归部分劳动群众所有，实行自主经营、自负盈亏、独立核算的企业。私营企业是指民间私人投资经营、享受收益、承担风险的法人经济实体。

（4）按股东承担的风险责任不同，企业可分为无限责任公司、有限责任公司、股份有限公司三种企业形式。无限责任公司指的是由两个以上自然人股东组成、股东以出资财产和出资财产以外的其他财产对公司债务负连带无限责任的公司形式。其优点是成立手续比较简单，对最低的资本总额没有要求，股东关系密切，公司信用较高，竞争力较强。缺点是不易筹集资本，股东责任重，投资风险较大。有限责任公司指在中国境内设立的由五十个以下的股东出资设立，每个股东以其所认缴的出资额对公司承担有限责任，公司以其全部资产对其债务承担责任的经济组织。其优点是设立程序比较简单，不需要公开信息披露，缺点是不能公开发行股票，筹集资金范围和规模比较小。股份有限公司是指 2 人以上 200 人以下的发起人发起成立公司，股东以其认购的股份为限对公司承担责任的企业法人。其优点是可快速集聚巨量资本、股东责任有限、可分散投资者风险，其缺点是成立程序严格、复杂，大股东容易控制公司小股东缺乏责任感，要求公开信息披露容易暴露商业机密。

（5）按企业生产规模不同，企业可划分为特大型企业、大型企业、中型企业、小型企业和微型企业。特大型企业是指企业生产规模很大，对国民经济、行业、区域影响巨大，在宏观调控中起到举足轻重的作用的企业，主要存在于钢铁业、石油业、有色金属业、煤炭业、石化业、电力业、军工业等领域。大型企业是指销售收入、营业总额、资产总额、职工人数、注册资本等方面达到某种数量，在行业中影响巨大，在国民经济中起到支柱作用的企业。中小微企业是指数量众多，相对经营规模较小的企业，主要按照营业收入和从业人员人数来划分，各行业划分标准不同。例如：农、林、牧、渔业：营业收入 20000 万元以下的为中小微型企业，其中，营业收入 500 万元及以上的为中型企业，营业收入 50 万元及以上的为小型企业，营业收入 50 万元以下的为微型企业；工业：从业人员 1,000 人以下或营业收入 40,000 万元以下的为中小微型企业，其中，从业人员 300 人及以上，且营业收入 2,000 万元及以上的为中型企业，从业人员 20 人及以上，且营业收入 300 万元及以上的为小型企业，从业人员 20 人以下或营业收入 300 万元以下的为微型企业。

(二) 企业的作用

企业作为社会的经济主体，它是经济财富创造的主要载体、国民就业的主要渠道、科技创新和社会进步的主要推动力，其作用巨大。具体表现在以下几个方面：

1. 企业是社会财富的主要创造者

社会生产始终是一国社会财富增长（GDP）的源泉，而一国 GDP 的 70% 都是由企业创造的。我国 3,000 多万家企业，是每年 GDP 的主要贡献者。以上市公司为例，2020 年我国上市企业市值 500 强企业总市值为 93.07 万亿元，分布在医药生物、电子、信息技术、房地产、银行、食品饮料、证券经济、汽车等行业。以国有企业为例，2020 年中国国有企业及国有控股企业营业收入为 63.29 万亿元，利润总额为 3.42 万亿元，应交税费 4.61 万亿元。2020 年税收总量中，国有控股企业贡献 24.3%，涉外企业贡献 16%，私营企业贡献 17.6%，全部民营企业贡献 59.7%。

2. 企业是扩大就业的主要渠道

就业是民生之本，事关社会稳定和人民幸福。企业的发展是扩大就业的主要渠道。以民营企业为例，它一直是吸纳就业劳动力的主要渠道。2020 年中国民营企业 500 强解决了 176.6 万人就业，较上一年同期增长 7.04%，吸纳就业人数超万人的有 53 家，超 5 万人的有 9 家，在吉利控股和浙江广厦就业人数更是超过 10 万人。面对疫情的冲击，企业吸纳劳动人口就业很大程度上缓解了政府的压力和老百姓的生活困难。以中小微企业为例，在我国有超过 800 万家中小微企业，占国内企业总数的 99%，创造了 76% 的工业新增产值；2020 年，为了缓解 870 万大学生"就业难"问题，政府和教育部出台了许多优惠政策，鼓励中小微企业吸纳大学生就业。

3. 企业是扶贫新模式的生力军

脱贫攻坚是我国当前社会重大发展战略，近几年我国在这方面效果显著。"输血不如造血"，在扶贫新模式下，企业具有资金、技术、市场、管理等优势，正逐渐成为扶贫的生力军。以恒大集团为例，它把精准扶贫与新型城镇化建设、新农村建设相结合，探索企业参与精准扶贫的新路径。从 2015 年开始，共投入 110 亿元，通过"龙头企业+

合作社+贫困户+基地"的帮扶模式,实现"供产销"一体化经营,帮助贵州毕节 20 万户、70 万人口的持续增收、就地脱贫。

4. 企业是培育企业家和创新精神的摇篮

企业发展壮大的过程也是企业家成长和创新精神培育的过程。我国改革开放后,尤其是 20 世纪 90 年代发展市场经济后,涌现了大批的创业者、企业家。他们胆识过人、勇于开拓、敢于冒险,具有革新意识和创新精神,带领企业抓住契机、克服困难,将企业发展成具有知名度甚至世界影响力的品牌企业,为产业升级、科技创新、创造税收、扩大就业等方面发挥了重要作用甚至是支柱作用。像张瑞敏、任正非、董明珠等老牌企业家和马云、马化腾、张一鸣等新锐企业家,以及大大小小的民营企业、中小微企业、高科技企业的领军人物正成为国家财富的创造者和创新精神的引领者。

5. 企业是推动社会经济增长的新动力

德国经济学家舒马赫在其著作《小的就是美的》中提出:"小企业是最具有经济活力的一部分,是一国经济不可或缺的重要组成部分。""美国新经济"的经验显示,研发型创新性微型企业为经济发展提供了巨大的活力。在"互联网+"时代,我国涌现了许多创新型、科技型企业,它们在推动我国经济转型、推广科技应用、提升国民幸福度、提高国际竞争力等方面正发挥越来越重要的作用。2018 年的政府工作报告指出,我国企业研发投入年均增长 11%,规模跃居世界第二位,科技进步贡献率提高到 57.5%。电子商务、移动支付、共享经济等引领世界潮流,"互联网+"广泛融入各行各业。

6. 企业是社会和谐发展的重要稳定器

社会发展的历史进程表明,社会稳定与经济发展是紧密联系和互相依托的,企业是经济发展稳定的压舱石和减震器。计划经济向市场经济转型大量企业的破产给社会带来的阵痛,就足以说明这个道理。今天面对国际封锁和疫情冲击,要保持社会和谐发展,就必须确保稳健增长和创新突破。例如,2020 年 A 股上市公司员工人数逼近 2,600 万,占全国就业人口比例创历史新高,拉动就业效果日益显著,提高了当地经济活力。

二、企业经营与管理概述

(一)企业经营与管理

1. 企业经营

(1)企业经营的概念

"经营"指的是筹划经管、组织计划的意思。而"企业经营",传统的解释分两种:

（1）狭义的解释。指的是企业生产活动以外的营销活动。（2）广义的解释。根据法约尔《工业管理和一般管理》中的说法，企业经营包括技术活动、商业活动、财务活动、安全活动、会计活动、管理活动。

现代意义上的"经营"指的是个人或团体在经营意识或经营文化的指导下，运用经营权，协调经营关系，从而达到经营目的的经营活动，而"企业经营"是指企业根据所处宏微观环境，制定发展战略和经营策略，开展经营活动，从而达到经营目标的过程。

（2）企业经营活动的内容

企业经营活动概括起来，主要包括以下几方面：

①生产活动。生产活动是企业通过自己的生产体系，将各种原材、半成品加工制造，转变为生产成品的投入产出活动。它是企业最基本的经营活动，尤其对于制造型企业，更是其他经营活动的前提和基础。

②营销活动。营销活动是生产活动的后续活动，是指基于市场环境分析和消费者需求的准确把握，进行产品、服务的创意、定价、促销和分销的计划和执行过程。它是企业实现经营目标的关键活动。

③供应活动。供应活动是企业经营活动的起点，它主要包括企业的采购活动、物流运输活动、库存管理活动。

④财务活动。财务活动是企业经营活动的"血液"，为其提供资金保证和资金管理，主要包括资金筹集、资金运用和利润分配等系列活动。

⑤人力资源开发活动。人力资源开发活动指的是对企业的员工进行招聘、培训、选拔、培养等系列活动，为企业选拔和培养合格的员二和管理者。

2. 企业管理

（1）企业管理的定义

企业管理，是对企业的生产经营活动进行计划、组织、指挥、协调和控制等一系列职能活动的总称。

计划职能是指企业内部为实现经营目标，对资源配置而制定的行动计划，如采购计划、生产计划、营销计划等等。组织职能是指企业为实现决策目标，对企业内部各种资源进行制度化的安排，如建立组织机构、选拔和任用管理人员等。指挥职能是指领导者和管理者影响组织成员的行为和力量，如领导者的影响力、沟通能力、激励手段等。控制职能是指对组织行为过程进行监督、检查、调整的管理活动，以保证目标和决策的实现和执行，如现场管理、品质管理等。协调职能是指通过协调，使企业每个部分和成员服从全局利益、集体目标，如全员营销、企业文化等。

这五大职能被运用到企业管理的各个阶段，彼此密切相关、相辅相成，并不是孤立分开的。

（2）企业管理分类

按不同的分类标准可以分为：

①按照管理对象划分包括：人力资源、项目、资金、技术、市场、信息、设备与工艺、作业与流程、文化制度与机制、经营环境管理等。

②按照成长过程和流程划分包括：项目调研、项目设计、项目建设、项目投产、项目运营、项目更新、项目二次运营、三次更新管理等周而复始的多重循环管理。

③按照职能或者业务功能划分包括：计划管理、生产管理、采购管理、销售管理、质量管理、仓库管理、财务管理、项目管理、人力资源管理、统计管理、信息管理等。

④按照层次上下划分为：经营层面、业务层面、决策层面、执行层面、职工层面管理等。

⑤按照资源要素划分为：人力资源、物料资源、技术资源、资金、市场与客户、政策与政府资源管理等。

（二）企业经营管理的对象

当然，企业的经营管理主要是对企业所拥有资源的经营管理，是通过企业的战略、策略活动，对所拥有的资源进行计划、组织、领导和控制，进而对资源进行合理配置，以开源节流，获得投资收益的过程，因此，我们就需要对企业经营管理的对象——企业所拥有的资源进行分析与研究，从而把握经营管理的本质与关键，获得企业经营管理的知识，培养企业经营管理的能力。

1. 资源的概念

经济学定义"资源"为"生产过程中所使用的投入"，资源从本质上讲就是生产要素。古典经济学说"土地是财富之母，劳动之父"，恩格斯补充为"自然界为劳动提供材料，劳动把材料转变为财富"。可见，古典经济学将资源主要划分为自然资源、人力资源。

马克思曾深刻地指出"社会劳动生产力，首先是科学的力量"，邓小平同志也提出了"科学技术是第一生产力"的著名论断。人类的几次工业革命的发展成果也验证了科技在创造财富过程中的重要作用。当代社会信息技术在推动人类经济发展和社会进步上的作用也是有目共睹的。

因此，我们可以总结下，资源就是发展生产力和创造财富的各种生产要素，包括自然资源和社会资源，前者是指自然界的可以被利用和被加工的各种自然资源，后者是指人力资源、科技资源、信息资源等。

2. 企业资源

现代管理学意义上，企业经营所需要的资源。企业所控制或拥有的要素的总和。

可以分为两个维度：可交易程度与专门程度。即计划经济时代所强调的企业的"人、财、物"。

企业的资源可以分为外部资源和内部资源。企业的内部资源可分为：人力资源、财务资源、信息资源、技术资源、管理资源、可控市场资源、内部环境资源；而企业的外部资源可分为：行业资源、产业资源、市场资源、外部环境资源。

一般而言，我们重点研究和考察的企业，可以分为有形资源和无形资源两种，这样的分类可以帮助我们对看不到，但客观存在并对企业经营管理有重大影响的资源进行分析与掌握，更为切合现代企业经营管理的实际。

（1）有形资源。主要是指财务资源和实物资源，它们是企业经营管理活动的基础，一般都可以通过会计方式来计算其价值。

①实物资源。主要是指在使用过程中具有物质形态的固定资产，包括工厂车间、机器设备、工具器具、生产资料、土地、房屋等各种企业财产。由于大多数固定资产的单位价值较大、使用年限较长、物质形态较强、流动能力较差，其价值大多显示出边际收益递减规律的一般特性（当然也有一些固定资产即使在折旧完毕之后仍然具有使用价值和价值，甚至会增值，如繁华地段的商业店铺等）。在传统工业中，固定资产是企业资源系统的重要组成部分，它是衡量一个企业实力大小的重要标志。

②财务资源。是企业物质要素和非物质要素的货币体现，具体表现为已经发生的能用会计方式记录在账的、能以货币计量的各种经济资源，包括资金、债权和其他权利。既包括静态规模的大小，也包括动态周转状况，在一定程度上还包括企业获取和驾驭这些资源要素的能力和水平。反映企业财务资源状况的工具就是企业的一系列财务报表。在企业财务资源系统中，最主要的资源是资金。财力资源是企业业务能力的经济基础，也是其他资源形成和发展的基础条件。

③人力资源。是指存在于企业组织系统内部和可利用的外部人员的总和，包括这些人的体力、智力、人际关系、心理特征以及其知识经验的总汇。一方面，人力资源表现为一定的物质存在——人员的数量，同时更重要的是表现为这些员工内在的体力、智力、人际关系、知识经验和心理特征等无形物质。所以，人力资源是有形与无形的统一资源。它是企业资源结构中最重要的关键资源，是企业技术资源和信息资源的载体，是其他资源的操作者，决定着所有资源效力的发挥水平。

④社会资源。主要指社会中可供自己利用的，能为企业自身带来优势或经营帮助的事件或人物，特别是现实社会中的名人、名物和各种有影响的事件。现实经营中，许多企业不惜重金聘请各种名人为自己题字或者做宣传活动，就是利用社会资源的典型例子。

（2）无形资源。主要包括时空资源、信息资源、技术资源、品牌资源、文化资源和管理资源等。相对于有形资源来说，无形资源似乎没有明显的物质载体而看似无形，但它们却成为支撑企业发展的基础，能够为企业带来无可比拟的优势。

①时空资源。是指企业在市场上可以利用的，作为公共资源的经济时间和经济空间。时间资源(经济时间)是指人类劳动直接或间接开发和利用的自然时间或日历时间。空间资源（经济空间）是指人类劳动直接改造和利用的、承接现实经济要素运行的自然空间。"时间就是金钱""天时不如地利"等俗语，分别说明了时间资源和空间资源的重要性。

②技术资源。广义的技术资源包括形成产品的直接技术和间接技术以及生产工艺技术、设备维修技术、财务管理技术、生产经营的管理技能。此外，技术资源还应包括市场活动的技能、信息收集和分析技术、市场营销方法，策划技能以及谈判推销技能等市场发展的技术。技术资源是决定企业业务成果的重要因素，其效力发挥依托于一定水平的财力和物力资源。

③信息资源。信息资源是指客观世界和主观世界的一切事物的运动状态和变化方式及其内在含义和效用价值。企业的信息资源由企业内部和外部各种与企业经营有关的情报资料构成。信息资源在企业的资源结构中起着支持和参照作用，具有普遍性、共享性、增值性、可处理性和多效用性等特征，"知己知彼，百战不殆"就是运用信息资源使整体资源增值的最好诠释。

④品牌资源。就是由一系列表明企业或企业产品身份的无形因素所组成的资源。品牌资源又可细分为产品品牌、服务品牌和企业品牌三类。品牌资源尤其是成为驰名商标的品牌（名牌）对企业经营成败至关重要，名牌对企业维系顾客忠诚、开拓新市场、推广新的产品等方面具有无可比拟的优势。

⑤文化资源。是由企业形象、企业声誉、企业凝聚力、组织士气、管理风格等一系列具有文化特征的无形因素构成的一项重要资源。与有形资源比较，其缺乏直接的数量化特征，没有一个客观数据基础，是由一系列社会形象或文化形象的形式存在于评价者心中，与其载体密不可分，文化资源的形成与发展是其他资源效力发挥的累积结果，可以迁移到被兼并或被控股的公司和新成立的企业中，企业形象、品牌信誉等还可以从原来产品转移到新产品中。

⑥管理资源。管理是对企业资源进行有效整合以达到企业既定目标与责任的动态创造性活动，它是企业众多资源效力发挥的整合剂，其本身也是企业一项非常重要的资源要素。直接影响乃至决定着企业资源整体效力发挥的水平。管理资源应包括企业管理制度、组织机构、企业管理策略。

⑦市场资源。是指那些不为企业拥有或控制的，但是在市场中存在的，而且因为是企业强大的竞争实力、独特的经营策略技巧和广泛的关系网络而可以为自己所用的资源。

⑧关系资源。是指企业因为与顾客、政府、社区、金融机构等个人或组织之间良

好的关系而获得了可以利用的存在于企业外部的资源，这其中特别应该受到重视的是客户关系资源。企业与客户长期良好的合作而建立起顾客忠诚，这样客户就成为企业经营中获取强大竞争优势的一项重要资源。

⑨杠杆资源。指虽然不属于企业所有，但是企业可以通过 OEM（定牌委托生产）生产、特许经营、加盟连锁、虚拟经营等方式为我所用的资源。OEM 生产、特许经营、加盟连锁等方式往往可以以较少的投入撬动较多资源为自己的经营服务，这种资源的利用方式与物理学上的杠杆原理非常相似。

⑩历史文化资源。是指各种历史名人、历史故事和文化传说等广泛存在于社会之中的文化资源。这其中的关键是要先人一步发掘和加以运用。有时候，历史文化资源就是由企业自身所杜撰出来的一些具有一定正面影响的神话文学故事等。

除了以上所涉及的可以为企业利用，并形成一定竞争优势或者为企业带来支持、帮助和利益的各种物质或精神形态的东西。所谓机会无所不在，关键是要看经营者眼界的宽广和策略的高低了。企业经营也是一样，只要善于开动脑筋，那么许多看上去原本毫无价值的东西也可以为我所用，比如垃圾，在废品收购公司也可以变废为宝。

资源是公司成长的基础，没有充分的优势资源，企业是很难发展的。如果企业不清楚自己的资源构成，也就做不到知己知彼，根本不可能在竞争中取胜。相反，如果对自己的资源构成、竞争者的资源构成都非常清楚的话，就能够准确地对各种形势做出判断，从而使自己立于不败之地。因此，我们要做好企业战略管理工作，就必须清楚企业的资源，知道自己的优势和劣势所在，努力聚集优势资源，推动企业不断向着更高的目标前进。

（三）企业资源的具体体现

一般而言，我们根据企业资产的形态可将企业资源划分为三大类：企业有形资产、企业无形资产和企业人力资源与组织能力。

有形资产是指可以在公司资产负债表上体现的资产，如房地产、生产设备、原材料等。无形资产，包括公司的声望、品牌、文化、技术知识、专利、商标以及各种日积月累的知识和经验。无形资产在使用中不会被消耗，相反，正确地运用还会使其升值。无形资产往往是公司竞争优势的基础。迪斯尼最重要的无形资产便是迪士尼的品牌、米老鼠和唐老鸭的形象等。人力资源和组织能力，是资产与管理因素的现实的、复杂的结合。其评价指标有更快、更敏捷、更高的质量等。它可以体现在精益制造、高质量生产、对市场的快速反应等方面。例如迪士尼企业认为，合作精神和能力是其取胜的重要组织能力。

三、制造业经营管理的职能

(一) 制造业的基本运作过程

集供、产、销为一体的生产制造型企业的基本职能是通过企业的一系列经营管理行为，为社会创造、提供产品和服务，是"投入—转换—产出"的过程，如图 1-1 所示。

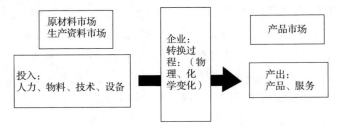

图 1-1　生产型企业的基本运作过程

企业的所有者股东(投资人)发起建立企业，即为我们常说的创业，然后在市场上获取原料、设备、技术、劳动力，再通过企业生产制造加工过程，使原材料相互间或独立发生物理、化学变化，生产出产品，投放到产品市场上。在这个转化过程中，市场是最重要的影响因素。在生产资料市场上，企业必须按照自身的需求获得相应的原材料、生产线、机器设备、生产技术和人才；在产品市场上，企业的产品必须符合消费者需要，适销对路，订单充足，产量有规模。同时，也要求企业内部的转化过程(主要是生产制造加工过程)必须高效，生产出成本低、质量高、数量足、交货及时的产品。

成本是价格的基础，是利润的前提。企业必须将各种资源进行合理配置与利用，提高生产效率，最大限度地降低成本，提高利润。质量是企业在市场的生死线，企业必须通过优化产品设计、强化质量管理，提高和稳定产品的质量，从而保证产品在市场上的美誉度和竞争力。适时生产和按期交货是现代企业的基本要求，但要做到这一点并不容易。需要企业通过计划、组织、协调等职能，将资源合理配置、精确生产。

(二) 制造业经营管理职能

制造企业的"投入—产出"的转化过程，一般而言通过战略决策职能、研发职能、采购职能、生产制造职能、质量管理职能、市场营销职能、财务管理职能、人力资源管理职能、信息管理职能等，分工协作，实施一个个方案，完成一个个流程，围绕着最终实现企业的总体目标来开展经营活动。

1. 企业经营管理的战略决策职能

市场经济的实质就是竞争经济，企业成功的诀窍在于生产运作系统的高效、高质和产品的适销对路、优质服务，竞争取胜的前提在正确制定和实施适当的企业战略。

（1）企业战略

"战略"一词，最早来源于军事活动，是军事术语，《大百科全书》对它的解释是："战略是指导战争全局的方略。"现在这个词已非常广泛地运用到各个领域中，泛指重大的、带有全局性或决定全局的谋划。

经济学界和管理学界对"战略"有许多定义，如美国战略管理大师迈克尔·波特认为，战略的本质是抉择、权衡和各适其位；我国学者认为，战略是确定企业长远发展目标、实现长远目标的策略和途径；等等。归纳各种说法，无论给"战略"赋予何种定义，都脱离不了战略的内涵本质，主要涉及经营环境分析、未来发展预测、远景目标设定、勾画远景目标轨迹和制定战略策略等要素。

企业经营不是一个短期的行为，面对动态的竞争环境，我们认为，企业战略是企业根据市场状况，结合自身资源，通过分析、判断、预测，设立远景目标，并对实现目标的发展轨迹进行的总体性、指导性谋划。

（2）企业战略的特征

企业战略具有指导性、全局性、长远性、竞争性、系统性、风险性六大主要特征。

①指导性。企业战略在企业经营管理活动中起着导向作用，它对企业未来的经营方向、愿景目标进行了界定，对企业的经营方针和行动指南进行了明确，并规划了实现目标的发展路径、措施和对策。

②全局性。企业战略高屋建瓴，立足于未来，通过对企业所处的各种宏微观环境的深入分析，结合自身实际情况，对企业的远景发展轨迹进行了全面的规划。

③长远性。企业的发展不是一蹴而就的，必然经历一个曲折、长期的奋斗过程。市场变化了企业的发展目标和发展策略必然要进行必要的调整和完善，但总体、长远的规划要保持稳定性，不能朝令夕改，只着眼于短期利益。

④竞争性。企业战略基于竞争的经营环境，必须具有竞争性。企业需要"知己知彼"，结合自身特点，确立自身竞争优势，形成自己的经营特色，增强企业的竞争力。

⑤系统性。企业战略是一个环环相扣的战略目标体系，由决策层战略、事业单位战略、职能部门战略三个层级构成一体。决策层战略是企业总体的指导性战略，决定企业经营方针、投资规模、经营方向和远景目标等战略要素，是战略的核心。事业单位战略是企业独立核算经营单位或相对独立的经营单位，遵照决策层的战略指导思想，通过竞争环境分析，侧重市场与产品，对自身生存和发展轨迹进行的长远谋划。职能部门战略是企业各职能部门，遵照决策层的战略指导思想，结合事业单位战略，侧重分工协作，对本部门的长远目标、资源调配等战略支持保障体系进行的总体性谋划，

比如策划部战略、采购部战略等。

⑥风险性。对未来的预测和规划，难免存在风险，战略决策也不例外。企业的经营环境时刻发生变化，墨守成规就会产生巨大的风险。因此，企业战略的制定要客观、科学、深入和准确，不能掺杂太多的主观色彩，也需要根据形势进行适当的调整和完善。

(3)企业经营管理战略的决策

战略决策是企业经营管理战略中决定企业生死的环节，它是企业高层管理者们基于战略决策背景(如行业机会、竞争格局、企业能力等)，制定战略内容和战略实施过程(分解展开各项战略部署)。

经典的战略决策方法主要有 SWOT 模型、波士顿矩阵、GE 矩阵等。

SWOT 模型，也称态势分析法，最早在 20 世纪 80 年代由美国韦里克教授提出，后被麦肯锡咨询公司发扬光大，迅速被全世界各企业、组织、团体采用，成为用于制定战略决策的经典方法(工具)，尤其是企业管理、人力资源管理、产品研发领域应用甚广。SWOT 是四个词的简称组合：优势(strengths)、劣势(weaknesses)、机遇(opportunities)、威胁(threats)，SWOT 分析是指对企业面临的内外部环境进行综合分析，提炼优势、总结劣势，发现威胁、寻找机会，使企业战略变得清晰明朗，从而将资源和行动聚焦到自身最强、机会最多的地方。这种方法的优点在于：简单、直观，通过定性分析能得出结论。但缺点也较明显，可能由于缺乏精确的数据支持，难免带有主观臆断的色彩。

波士顿矩阵，又称市场增长率—相对市场份额矩阵，由美国波士顿咨询公司 1970 年首创。波士顿矩阵认为，决定产品结构的基本因素一般有两个：即市场引力与企业实力，前者包括销售增长率、竞争对手强弱及利润高低等，后者包括市场占有率、企业资源利用能力等。这些因素中，销售增长率、市场占有率是重要的两个指标，且二者相互影响、互为条件。二者相互作用的结果会出现四种产品发展前景，即：明星类产品—销售增长率和市场占有率"双高"的产品群；瘦狗类产品—销售增长率和市场占有率"双低"的产品群；问题类产品—销售增长率高、市场占有率低的产品群；金牛类产品—销售增长率低、市场占有率高的产品群。波士顿矩阵法的操作方法是先将企业所有产品从销售增长率和市场占有率角度进行再组合：将坐标图划分为四个象限，以纵轴表示企业销售增长率，横轴表示市场占有率，各以 10% 和 20% 作为区分高、低的中点，四个象限分别为"明星类产品""问题类产品""金牛类产品""瘦狗类产品"四个产品群类型。其次，通过分析四个产品群类型的特点，并提出战略对策。明星类产品。它的特点是高增长率、高市场份额，说明产品正处于快速增长并占有支配地位，可以视为高速成长市场中的领导者，将成为公司未来的现金牛业务。对这类产品要采用增长战略，要加大投资以支持其迅速发展。问题类产品。它的特点是高增长率、低市场份额，说明产品市场机会大、前景好，但可能在营销上存在问题。对这类产品要采取选择性投资战略，选择那些符合企业发展长远目标、企业具有资源优势、能够增强企业核心竞争力的业务进行重点扶植。金牛类产品。它的特点是低增长率、高市场份额，说明这类产品已进入成熟期，能创造比较稳定的现金流。对这类产品要采取稳定发展战略，进一步进行市场细分，维持现存市场增长率或延缓其下降速度。瘦狗类产品。它的特点是低增长率、低市场份额，说明这类产品已进入衰退期，无法为企业带来收益。对这类产品要采取撤退战略，合并系列，减少批量，淘汰落后，逐渐撤退，将资源转向其他优势产品。波士顿矩阵方法的优点在于用两个重要指标的组合将复杂的企业业务划分为四种，有助于资源产品组合和资源分配的良性循环，但该方法也难以同时顾及两项或多项业务的平衡。

GE 矩阵，又称通用电气公司法，由美国通用电气公司 20 世纪 70 年代开发，用来根据事业单位在市场上的实力和所在市场的吸引力对这些事业单位进行评估。它的战略规划过程分为五个步骤：①确定战略业务单位，并对每个战略业务单位进行内外部环境分析；②确定市场吸引力和企业竞争力的主要评价指标，及每一个指标所占的权重；③对各战略业务单位的市场吸引力和竞争力进行评估和打分，并加权求和；④根据每个战略业务单位的市场吸引力和竞争力总体得分，将每个战略业务单位用圆圈标在 GE 矩阵上；⑤根据每个战略业务单位在 GE 矩阵上的位置，对各个战略业务单位的发展战略指导思想进行系统说明和阐述。这种方法的优点在于用更多的指标来衡量市场实力和市场吸引力这两个指标，局限性在于对指标的度量难以全部实现，指标的最后聚合比较困难。

（4）企业经营管理的竞争战略

竞争战略又称业务层次战略，是在企业总体战略的框架下，指导和管理具体战略经营单位的计划和行动。它主要是解决顾客需求、本企业产品及竞争者产品三者之间的关系这一核心问题，确定并维持自身产品在市场的特定地位。竞争战略主要有三种类型：

①总成本领先战略。该战略是指企业通过有效的途径降低经营过程中的成本，使企业以较低的总成本赢得竞争优势的战略。企业大致可以通过以下途径降低经营成本：简化产品、改进设计、节约材料、降低人工费用、生产创新及自动化。当然，企业降低成本不是靠偷工减料、牺牲质量而达到，而是通过科学管理、严格控制来降低可控成本。

②差异化战略。该战略是指企业在产品、服务、形象等方面形成差异性的特色，从而在竞争中取得优势。企业可以通过使用独特的原材料、开展技术开发、开展特别的营销活动、扩大经营范围等方法来形成独特的差异化优势。实行差异化战略，有利于建立起顾客对企业的忠诚，形成强有力的产业进入障碍，增强企业对供应商讨价还

价的能力。

③目标集中战略。该战略是指企业主攻某个特定的客户群、某产品系列或区域市场。实施目标集中战略，便于企业资源集中使用，可以更好地调查研究与产品有关的技术、市场、顾客以及竞争对手，经营效果更容易评价。

2. 企业经营管理的市场营销职能

市场营销职能就是在变化的市场环境中，旨在满足消费者需要、实现企业目标的商务活动。其基本内容包括：市场细分、目标市场选择、市场定位、市场营销竞争战略和市场营销组合策略。

（1）市场细分。市场细分是指企业按照某种标准将市场上的顾客划分成若干个顾客群，每一个顾客群构成一个子市场，不同子市场之间，需求存在着明显的差别。市场细分的标准和变量主要包括地理细分变量、人口细分变量、心理细分变量、行为细分变量。市场细分有利于企业发掘和开拓新的市场机会、有利于企业将各种资源合理利用到目标市场、有利于制订适用的经销策略、有利于调整市场的营销策略。

（2）目标市场选择。目标市场选择是评估每个细分市场的吸引力程度，并选择进入一个或多个细分市场。它包括：①无差异性目标市场策略。该策略是忽视消费者的差异性，把整个市场作为一个大目标开展营销。②差异性目标市场策略。该策略是强调消费者的差异性，把整体市场划分为若干细分市场作为其目标市场。③集中性目标市场策略。该策略是集中企业的优势力量，选择一个或几个细分化的专门市场作为营销目标。

（3）市场定位。市场定位就是企业及产品确定在目标市场上所处的位置。常用的市场定位方法：①根据产品的特色定位。如农夫山泉矿泉水的定位。②根据为顾客带来的利益、解决问题的方式定位。如汽车市场上的大众、丰田、沃尔沃等品牌的定位。③根据产品的专门用途定位。如新功能牙膏的定位。④按用户群特征定位。如维 C 产品定位。⑤与竞争对手的同类产品对比定位。包括迎头定位和避强定位。

（4）市场营销竞争策略。企业根据竞争地位，可分为市场领先者、市场挑战者、市场追随者和市场补缺者四类。①市场领先者的竞争策略。市场领先者为了保持自己在市场上的领先地位和既得利益，可能采取扩大市场需求、维持市场份额或提高市场占有率等竞争策略。②市场挑战者的竞争策略。市场挑战者通过对市场领先者或其他竞争对手的挑战与攻击，来提高自己的市场份额和市场竞争地位，采取的策略有价格竞争、产品竞争、服务竞争、渠道竞争等。③市场追随者的竞争策略。市场追随者不敢贸然向市场领先者直接发起攻击，一般采取保守跟随的态势，采取的策略有仿效跟随、差距跟随、选择跟随等。④市场补缺者的竞争策略。在市场竞争中居于弱势的中小企业往往会盯住大企业忽略的市场空缺，采取的策略有市场专门化、顾客专门化、产品专门化等。

(5)市场营销策略组合。市场营销策略是指企业根据自身内部条件和外部竞争状况所确定的关于选择和占领目标市场的策略。它主要包括价格策略(price strategy)、产品策略(product strategy)、渠道策略(place strategy)、促销策略(promotion strategy),简称4P's。①产品策略。包括产品发展、产品计划、产品设计、交货期等决策的内容。②价格策略。包括确定定价目标、制定产品价格原则与技巧等内容。③渠道策略。指主要研究如何促进顾客购买商品以实现扩大销售的策略。④促销策略。主要研究使商品顺利到达消费者手中的途径和方式等方面的策略。

3. 生产运作管理职能

生产运作管理是对生产运作系统的设计,运行与维护过程的管理,它包括对生产运作活动进行计划、组织和控制。

生产运作管理包括生产运作系统的定位管理、设计管理和运行管理。定位管理是指对生产运作系统进行战略定位,明确选择生产运作系统的结构形式和运行机制;设计管理包括产品开发管理、厂房设施和机器系统购建管理;运行管理是指生产运行过程的实施管理。

4. 财务管理职能

筹资、用资、耗资、分配等过程中的管理职能,包括:财务预测、财务决策、财务计划、财务控制、财务分析等。①财务预测。企业财务人员运用各种财务分析方法、工具,评价企业过去的经营业绩,预测企业未来的发展趋势,从而降低决策的盲目性。②财务决策。它是指对财务预测结果的分析与选择。③财务计划。它是指协调安排计划期内投资、筹资及财务成果,是财务管理、财务监督的主要依据。④财务控制。它是指对企业的资金投入及收益过程和结果进行衡量与较正,从而确保财务计划得以实现。⑤财务分析。它是以会计核算和报表资料及其他相关资料为依据,采用一系列专门的分析技术和方法,对企业过去和现在有关筹资活动、投资活动、经营活动、分配活动的盈利能力、营运能力、偿债能力和增长能力状况等进行分析与评价。

5. 采购库存管理职能

采购库存管理是基于消费者需求预测,对库存进行管理,以使原材料与库存在适当的时间保持适当的数量,从而既能满足生产的及时需要,又能减少资金占用。

6. 产品研发管理职能

产品是有生命周期的,企业就必须进行产品研发,不断改进产品,产生新的功能、材料、工艺等的新的产品来满足消费者不断发展的新的需求。产品研发管理就是对研发过程中进行的团队建设、流程设计、绩效管理、风险管理、成本管理、项目管理和知识管理等的一系列协调活动。

7. 人力资源管理职能

人力资源管理是企业的一系列的人力资源政策以及相应的管理活动。它包括人力资源战略的制定、员工的招募及选拔、培训与开发、绩效管理、薪酬管理、员工关系管理、员工安全及健康管理等。

8. 信息管理职能

信息管理是企业管理者为了实现企业目标，对企业信息和企业信息活动进行管理的过程。企业信息化管理的内容主要包括：企业信息化建设，企业信息开放与保护，企业信息的开发与利用。

四、ERP 沙盘模拟原理

什么是"沙盘"？什么是"ERP"？什么是 ERP 沙盘？ERP 沙盘模拟是什么？它与上面所讲企业的经营管理有什么关系？本部分从澄清基本概念入手，阐述 ERP 沙盘模拟经营的内容与价值，让学习者明白学习这门课程的收获和意义。

(一) ERP 沙盘模拟概念

1. 沙盘的概念

最早的沙盘雏形源自秦始皇陵墓中的地形模型，距今已有 2000 多年的历史。汉代名将马援在讨伐西北地方军阀时，"聚米为山谷，指画形势"，可视为我国最早的沙盘作业。1811 年，普鲁士国王的军事顾问冯·莱斯维茨和他的儿子经常一起玩军事游戏，以沙盘制作战场模型，标示地形地貌、兵力配置等，并进行战争模拟决策，标志着"战争博弈"的现代沙盘作业诞生。19 世纪末 20 世纪初，沙盘主要用于军事训练，第一次世界大战后，在交通业、水利业、旅游业、房地产业、企业管理、政府管理、公安管理、心理治疗和检测等领域得到广泛运用。

沙盘包括简易沙盘、永久沙盘、地形沙盘、建筑沙盘、电子沙盘等，沙盘具有立体感强、形象直观、制作简便、经济实用等特点，让观众能从微观角度了解宏观事物，从具体表象理解抽象概念。

2. ERP 沙盘模拟的概念

ERP，是英文 enterprise resource planning 的简称，即企业资源计划的意义。前面我们了解过企业资源，而企业资源计划是指基于系统化的管理思想(供应链管理)的指导，依托信息技术(ERP 软件)，对企业的各种资源及相应的物流、信息流、资金流、管理流、增值流等紧密地集成起来实现资源优化和共享，从而达到改善企业业务流程、提高企业核心竞争力的目标。

"ERP 沙盘模拟"是一种体验式的教学方式，它是将企业的真实经营过程通过沙盘模拟的方式，让学员在模拟推演的过程中掌握企业经营管理思路，磨炼商业决策敏感度，提升决策能力及长期规划能力。它的内容可以概括为"一套教具、四个中心、六个职能、八个企业、一套规则、六年经营"。一套教具包括一张沙盘盘面和各种推演道具；四个中心指的是模拟企业的营销与规划中心、生产中心、物流中心和财务中心；六个职能是指模拟企业运营的战略规划、市场营销、生产组织、采购管理、库存管理、财务管理等主要职能；八个企业是指将学员分成 8 个团队，模拟 8 个企业，彼此进行竞争；一套规则是指企业在竞争经营过程中要遵守的市场规则和管理规则；六年经营是指企业经营时要注重战略规划，持续经营，实现经营目标。

图 1-2 ERP 沙盘示意图

3. ERP 沙盘教学的产生

1620 年，培根在《新工具论》中提出了经验主义的哲学方法，他把实验和归纳看作相辅相成的科学发现的工具。1637 年，笛卡儿尔在《方法论》中提出推理、演绎和引入数学计算的研究方法。培根与笛卡儿思想的两者相结合，形成了比较完整的科学认知新思想，推动了科学研究和科学技术的进展，也改变着生产和生活方式。然而，这种研究方法在社会科学和经营管理方面却无能为力。因为社会科学和经营管理具有复杂性和随机性，不具有重复性，无法进行验证性实验。长期以来，只能采用理解、阐述、领悟、定性与定量分析相结合的方法，导致这方面的教学抽象和理论性，缺乏科学和实践性。在这种背景下，企业经营管理沙盘应运而生。

从 20 世纪 50 年代，在国外一种企业管理模拟教学方法开始流利，这种方法通过模拟的竞争环境，让学生亲身实践，理解和领悟企业经营管理过程，大大激发了学员的学习兴趣。尤其是 Motorola、IBM 等大公司，经常采用这种新颖的教学方法来培训企业骨干管理人员。他们将培训分为两个阶段，第一阶段是理论培训部分，由专家教授讲授，内容涉及市场营销、财务管理、信息技术、人力资源管理、战略管理等；第二阶段是上机实操部分，学员分成若干组，利用计算机进行企业竞争模拟经营。

从 20 世纪 80 年代开始，我国引进这种教学方法进行企业管理教学。大学的 MBA 教育，大学生企业模拟经营竞赛，等等，都在推行这种教学方法。1995 年开始，北京大学等高校对国外引进的计算机模拟软件进行了汉化。用友、金蝶等软件公司的加入，大大地推动了这种教学方法的完善和推广，他们针对计算机模拟过于空洞、过于抽象的缺点，开发了一系列沙盘道具作为推演工具，突出了实物实景模拟，增加了学习者的学习兴趣，其效果也得到了进一步提高。

作为一种对抗性、体验式的互动学习方式，ERP 沙盘模拟教学具有鲜明的特色：

第一，它是一种"以学生为主体"的全新人才培养模式。相对传统的"以教师为主体"的人才培养模式，ERP 沙盘模拟教学强调学生的主观能动性，让他们去发现问题、分析问题、制订决策、组织实施。教学中运用角色扮演、案例分析和专家诊断等教学方式，激发了学生的积极性、潜能和学习效果。

第二，它是一种"培养综合能力"的全新人才培养模式。相对传统的"教授理论知识"的人才培养模式，ERP 沙盘模拟教学强调学生能力、素养的培养，让他们提高商业敏感性和企业经营决策综合能力。教学中运用市场竞争、团队协作和竞争淘汰等经营规则，培养了学生的抗压力、组织力和竞争力。

4. ERP 沙盘教学的应用前提

ERP 沙盘教学要想顺利实施和取得良好效果，必须要做好以下几项要点工作：

（1）进行业务过程构建。业务过程构建是 ERP 沙盘教学的基础。现实生活中，企业是个复杂的组织体系，要想全部模拟出来肯定不容易。以企业主要的业务流程梳理清楚，并将其主要组织结构和主要工作职责进行，能过沙盘系统进行模拟，既有可能又有意义。业务过程构建即将企业的业务过程，主要包括资金运转过程、物资采购过程、生产计划过程、销售过程、市场营销过程、信息管理过程、人力资源管理过程等，通过时间顺序和逻辑纽结构建出来，并将过程中资金、物资、信息的流动过程、处理过程表现出来。

（2）进行职责分工和角色扮演。企业的业务过程需要部门分工和协作来实现。每个部门都有自己的职责，学习者可以通过分工来完成这些职责，同时通过协作取得良好的实施效果。学习者通过角色扮演，能真实地体验企业各个部门、人员之间的运转过程，掌握企业经营管理的知识，培养和提高自身的经营管理能力。

（3）进行市场经营环境仿真。在市场经济条件下，企业都是在千变万化的市场竞争的环境下生存和发展的。要完成企业管理的仿真学习，必须要模拟市场的本质属性。一是要体现竞争，让学习者在竞争的市场规则中运作自己的模拟企业；二是要体现产品的生命周期规律，在进行决策时，产品策略要考虑产品的生命周期，在质量、价格、需求和竞争力方面体现出来；三是要制订市场营销战略，根据产品的市场地位，进行市场定位和市场推广。

（4）进行模拟经营成果评价。不同的经营者因战略规划、资源分配、规则理解、数字计算等方面的差别从而造成不同的经营结果。作为指导教师应该在不同阶段进行经营成果的评价，并据此分析原因，提出改善建议。学生在教师的引导下进行讨论、分析和总结，可以让学习者举一反三，真正得到提高。

（二）ERP 沙盘模拟的价值分析

ERP 沙盘模拟课程科学、简易、实用、有趣，一经推出，深受大家欢迎。它是理论和实践相结合，角色扮演和岗位体验相结合，可以强化受训者的管理知识，训练企业经营管理技能，全面提高受训者的综合素质。

1. 拓展知识结构，提升管理技能

专业课程的细分虽然有利于专业知识的深入学习，但也容易构筑专业壁垒，面对综合性的问题分析，学习者在发展空间和思维方式上受到限制。ERP 沙盘模拟是模拟企业的经营管理活动，需要综合性的专业知识、能力和素养。学习 ERP 沙盘模拟经营，有助于学习者拓展知识结构，提升管理技能，主要体现在以下几个方面：

（1）战略管理。成功的企业一定有着明确的企业战略，在产品开发、市场开发、市场竞争及资金运用方面要进行全局性、长远性的规划。在沙盘模拟的具体经营决策时，要长中短目标相结合，不要急于求成；要各方面通盘考虑，不要顾此失彼。

（2）营销管理。成功的企业一定要进行有效的营销管理，在需求分析、广告策略、订单争取、市场信息反馈方面进行超前预测、及时反馈和灵活调整。在沙盘模拟的具体经营决策时，要准确预测未来市场，争取有利的订单，为生产、采购、财务等部门提供决策参考。

（3）生产管理。成功的企业一定要重视生产管理，在新产品研发、物资采购、生产运作方面进行及时调整、精确定位和严格管理。在沙盘模拟的具体经营决策时，要提高生产能力，加速生产效率，提高产品竞争力和缩短产品交货期。

（4）财务管理。成功的企业一定要以稳健的财务管理为保障，在资金分配、资金筹集、资金流动方面进行科学、合理的规划与调配。在沙盘模拟的具体经营决策时，要准确预估资金需求，合理筹集资金，提高资金使用效率。

（5）人力资源管理。成功的企业一定要有优秀的人员队伍做保证，在岗位分工、职责界定、沟通协作、绩效考评方面做到高效高质。在沙盘模拟的具体经营决策时，要合理配置人员、明确岗位职责、形成团队默契、及时反思改进、正确评价总结。

（6）信息管理。成功的企业要重视信息管理，构建企业信息系统，加强基于信息反馈的决策效率。在沙盘模拟的具体决策时，要及时捕捉市场瞬息万变的形势变化，要正确解读市场信息，企业内部要加强信息沟通。

2. 全面提高受训者的综合素质

ERP 沙盘模拟还能全面提高受训者的综合素质，体现在以下几个方面：

（1）树立合作共赢理念。市场经济下，企业要以竞争求突破，以合作求双赢。ERP 沙盘模拟中，各模拟企业在广告策略、物资采购、资金融通等方面都存在合谋和合作的必要性。

（2）培养全局观念与团队精神。在 ERP 沙盘模拟的决策过程中，需要各部门各司其职、沟通协作，才能贯彻战略和决策，在竞争中实现目标，赢得胜利。

（3）培养诚信的管理者品质。ERP 沙盘模拟经营制定了一系列的经营规则，要求模拟企业必须遵守。通过训练，让受训者明白，诚实守信是企业和管理者立足社会、发展自身的基本素质和基本要求。

（4）培养风险、挫折管理能力。ERP 沙盘模拟中，模拟企业必然会面临风险，甚至难免会有破产的可能。企业经营的过程，也是经营者风险管理、挫折管理能力的培养过程。

（三）ERP 沙盘模拟经营课程设计

1. 课程主要内容

（1）设计企业组织结构，进行部门职责分工。首先，梳理企业业务流程，根据现代制造业的特点进行业务流程设置，学习者要领会各个业务流程环节的功能及彼此之间的关系；其次，设计企业组织架构，根据现代企业的一般组织特点进行组织架构设置，学习者要熟悉各个职能部门的职责，明确分工协作关系，理解信息管理和相互沟通的重要性。

（2）制订企业发展战略，明确远景发展目标。经营伊始，首先要制订企业发展战略。制订组织战略，明确组织的使命、路径与目标体系；分析经营环境，明确所处行业结构和竞争地位；评估资源匹配度，选择合适的发展路径。企业发展战略的重点在于技术创新与产能战略、市场战略和财务战略：技术创新和产能战略包括产能调整决策、产品组合决策、新品研发决策；市场战略包括市场定位与产品组合决策、新市场开发决策、市场竞争策略；财务战略包括筹资决策、投资决策、还款决策、成本控制决策等。

（3）制订具体经营计划，实现企业经营目标。以年度、季度为时间单位，将企业发展战略细化为具体经营计划，通过短中期目标的实现，以达到长期战略目标的实现。经营计划包括市场开发计划、产品研发计划、物料采购计划、生产计划、资金使用计划等，各计划实施的过程中要进行均衡性控制、综合成本管理。

（4）总结分析经营成果，反思改进经营决策。每个经营年度末，要对经营成果进行总结分析。首先，看是否达到了预期战略目标；其次，要寻找经营失误的原因；最后，改进经营决策，包括：战略反思与调整、经营计划调整、企业资源再配置等。提高协作效率，提高决策质量，改善经营绩效。

2. 课程教学目的

ERP 沙盘模拟经营课程通过高仿真度的对抗性经营环境，合理、精干的企业管理模拟训练内容，帮助学习者体验企业经营过程，掌握企业经营决策能力。具体来说：

（1）体验企业经营管理的完整流程。课程设置了 6~8 年的经营周期，每年经营包括四季，每季按流程包括 20 多项经营任务。经营过程涉及物流、资金流、信息流，以及营销、采购、生产、财务等管理活动内容。

（2）认知企业现金流控制的重要性。整个经营管理过程及经营成果，主要通过现金流量表、损益表、资产负债表这三个财务报表工具来表现、归纳、计算、分析。因此，对企业经营现金流的控制非常重要，它是推进经营过程、实现经营目标的重要路径。

（3）掌握企业经营过程的综合平衡。企业经营过程中，在各个环节既要做到最好、最优，又难免会产生冲突，在决策时要综合平衡。在市场竞单时要考虑生产能力、库存现状、资金能力，在生产时要考虑生产能力、物流采购、产销衔接，在产品研发、产品开发、融资和清偿时要考虑周期进度与资金能力，等等。

（4）理解战略、竞争、预测等重要性。在经营中，要重视战略规划，不能在前几年急于求成，造成资金过早断流，或陷入"债务循环"危机；要重视竞争策略，在市场竞单、市场开发、产品开发、提高产能等方面要了解自身、分析对手；要重视预测，在每年每季决策时，要提前预测，对生产能力、产品研发进度、市场开发进度、交货期限、账期进度、还款节点等要有预测，从而在竞单、融资、投资、采购等方面做出更精确的决策。

（5）养成反思、分析和改进的习惯。在经营决策时，要借助软件生成的各种操作数据进行动态分析，通过杜邦财务分析体系科学地得出结论，修正、调整经营战略、计划。

3. 课程教学道具

ERP 沙盘模拟经营主要依托一套沙盘教具开展教学。每组学员面前有一张沙盘盘面，几组学员组成几个相互竞争的模拟企业。每张沙盘按制造业的职能，划分为个四个职能中心，包括营销与规划中心、生产中心、物流中心和财务中心（见表 1-1）。各职能中心覆盖了企业运营的所有关键环节：战略规划、市场营销、生产组织、采购管理、库存管理、财务管理等。每张沙盘盘面配备了用于推演的道具，包括：现金币，原材料币（R_1、R_2、R_3、R_4），产品币（P_1、P_2、P_3、P_4），产品生产资格牌（P_1、P_2、P_3、P_4），市场开发资格牌（本地市场、区域市场、国内市场、亚洲市场、国际市场），

ISO 资格证(ISO9000，ISO14000)，产品生产线牌(手工线、半自动线、全自动线、柔性生产线)，价值空桶(原料采购、应收账款、长短贷款)，等等。各种道具用鲜明的颜色标识，直观而生动。同时，各组还配备一张规则纸和市场预测表。

表 1-1　沙盘教具说明

职能中心的划分	企业运营的关键环节	主要职能	简要说明	备注
营销与规划中心	战略规划市场营销	市场开拓规划	确定企业需要开发哪些市场，可供选择的有区域市场、国内市场、亚洲市场和国际市场	市场开拓完成换取相应的市场准入证
		产品研发规划	确定企业需要研发哪些产品，可供选择的有 P_2、P_3、P_4	产品研发完成换取相应的产品生产资格证
		ISO 认证规划	确定企业需要争取获得哪些国际认证，包括 ISO9000 质量认证和 ISO14000 环境认证	ISO 认证完成换取相应的 ISO 资格证
生产中心	生产组织	厂房两种	沙盘盘面上设计了大厂房和小厂房，大厂房内可以建 6 条生产线；小厂房内可以建 4 条生产线	已购置的厂房由厂房右上角摆放的价值表示
		生产线标识	共有手工生产线、半自动生产线、全自动生产线、柔性生产线，不同生产线生产效率及灵活性不同	表示企业已购置的设备，设备净值在"生产线净值"处显示
		产品标识	四种：P_1、P_2、P_3、P_4	表示企业正在生产的产品
物流中心	采购管理、库存管理	采购提前期	R_1、R_2 原料的采购提前期为一个季度；R_3、R_4 原料的采购提前期为两个季度	
		原材料库四个	分别用于存放 R_1、R_2、R_3、R_4 原料，每个价值1M(百万元)	
		原料订单	代表与供应商签订的订货合同，用放在原料订单处的空桶数量表示	
		成品库四个	分别用来存放 P_1、P_2、P_3、P_4	

续表

职能中心的划分	企业运营的关键环节	主要职能	简要说明	备 注
财务中心	会计核算财务管理	现金库	用来存放现金，现金用灰币表示，每个价值1M	
		银行贷款	用放置在相应位置上的空桶表示，每桶表示20M	长期贷款按年；短期贷款按季度
		应收/付账款	用放置在相应位置上的装有现金的桶表示	应收账款和应付账款都是分账期的
		综合费用	将发生的各项费用置于相应区域	

4. 课程实施思路

ERP沙盘模拟经营课程的实施包括六个阶段。

（1）前期准备工作

前期准备工作是ERP沙盘模拟经营课程的首要环节。①学员分组。学员分成至少六个竞争模拟企业（依次命名为A组、B组、C组、D组、E组、F组，每组自行命名企业名称），每组一般为5~6人（自行选举，按特长分别担任CEO、营销总监、运营总监、采购总监、财务总监），当人数较多时，还可适当增加财务助理、商业间谍等角色。②明确职责。每个角色必须明确自己的岗位职责，在经营过程中，也可以进行角色调整和角色互换，以让学员发挥自己的特长和换位思考。③强调规则。指导教师要求各组（各企业）要充分遵守规则，进行合法竞争；要求各成员积极参与，发挥团队合力；要善于反思，及时调整经营思路。

（2）基本情况描述

对于每组学员（模拟企业）来说，竞争起点都是一样，接手同一个保守经营企业，企业规模不大、产能有限、产品落后、市场狭窄、资金有限、利润不多。每组的目标都是一致的，在6年的经营年限内，将企业做大做强。

（3）运营规则解读

将市场规则和竞争规则进行提炼，简化为以下八个方面的企业运营规则：①市场划分与市场准入规则；②销售会议与订单争取规则；③厂房购买、出售与租赁规则；④生产线购买、转产与维修、出售规则；⑤产品生产规则；⑥原材料采购规则；⑦产品研发与ISO认证规则；⑧融资贷款与贴现规则。指导教师带领各组（模拟企业）进行运营规则解读，作为运营过程的共同约定。

（4）初始状态设定

对于企业的初始状况，包括财务状况、市场占有率、产品、生产设施、盈利能力等，通过两张主要财务报表（资产负债表和利润表）进行了基本描述，并在指导教师指导下进行盘面摆盘。

（5）模拟经营实施

模拟经营实施是 ERP 沙盘模拟运营课程的主体部分，按企业经营年度展开。经营伊始，通过商务周刊发布市场预测资料，对每个市场每个产品的总体需求量、单价、发展趋势做出有效预测。每一个模拟企业在市场预测的基础上讨论企业战略和业务策略，在 CEO 的领导下按一定程序开展经营，做出所有重要事项的经营决策，决策的结果会从企业经营结果中得到直接体现。

（6）现场点评分析

对每组经营过程和经营成果的点评和分析是 ERP 沙盘模拟经营课程的精彩所在。每一年的经营结束后，经营者有许多经验和教训需要总结，成功之处？失败原因？竞争对手情况如何？经营战略是否需要调整？指导教师通过巡查的观察，结合经营结果数据，既讲共性问题，也讲各组差异。通过点评分析，起到画龙点睛的作用，让学员有顿悟的感觉，真正感受管理知识与管理实践之间的差距。

5. 课程教学主体

教师永远是课堂的灵魂。在 ERP 沙盘模拟经营课程中，始终围绕着"以学生为中心"开展教学过程，而教师随着经营阶段不同，扮演不同的角色，引导者、管理者、客户、供应商、咨询专家、评论家……始终引导着模拟经营的顺利进行，如表 1-2 所示。

表 1-2　课程的不同阶段教师所扮演的角色

课程阶段	具体任务	教师角色	学生角色
组织准备工作	建立组织架构，进行职责分工	引导者	认领角色
基本情况描述	对企业经营环境进行假设	企业旧任管理层	新任管理层
企业运营规则	制订、解读企业运营规则	企业旧任管理层	新任管理层
初始状态设定	对模拟企业进行初始状态设定	引导者	新任管理层
企业经营模拟运营	战略制订	商务、媒体信息发布	角色扮演
	融资	股东、银行家、高利贷者	角色扮演
	订单争取、交货	客户	角色扮演
	购买原料、下订单	供应商	角色扮演
	流程监督	审计	角色扮演
	规则确认	咨询顾问	角色扮演
现场案例解析	对各组经营进行点评、分析	评论家、分析家	角色扮演

项目作业

1. 什么是企业？企业的特征是什么？企业有哪些类型？结合实例进行说明。

2. 什么是企业经营？什么是企业管理？二者有什么关系？

3. 企业都有哪些经营管理职能？如何做好这些职能？

4. 思考与讨论：如果你是个创业者，如何进行企业组织架构设置和部门职责分工？

项目二
模拟企业概况

在模拟经营实战之前，你必须了解你将接管的是一个什么样的企业，你在企业中担当何种职位，负有怎样的责任，企业所属行业性质及企业的内外部环境等情况。本项目针对这些问题做出说明，对模拟经营企业的基本条件、设备情况做简要的介绍。

一、模拟企业简介

该公司是一个创建五年、有传统特色的制造业，公司一直专注于生产制造 P 系列产品的生产与经营。目前该公司拥有一个自主生产经营的厂房——大厂房，公司在大厂房内安装了三条手工生产线和一条半自动生产线，设备运行状态良好。所有生产设备目前都是从事 P_1 产品的生产，目前只在本地市场进行产品销售，有一定品牌知名度，客户也比较满意。

（一）企业的财务状况

所谓财务状况，是泛指企业资产、成本、负债、所有者权益、损益的构成情况及其之间的相互关系。公司内部的财务经营状况主要由资产负债表来表述。资产负债表编制就是根据特定企业的资产、负债和所有者权益的关系，即"资产＝负债+所有者权益"的恒等式关系，按照一定的资产负债划分方法和一定的标准，把企业特定日期的资产、负债、共同类、所有者权益、成本、损益等会计要素予以适当排列，并对日常会计工作处理中形成的会计数据进行加工、整理后编制而成的，其主要财务目的是为了更好地准确反映企业在某一特定时点上的实际财务状况。通过资产负债表，可以让专业投资人及时了解和看到一个企业所掌握的各种经济资源及其资本的合理分布情况，了解企业的资本结构，分析、评价、预测一个企业的成长能力、短期和长期综合偿债能力，对企业正确的经营业绩评价。

在沙盘课程中，为了简化编制会计报表的难度，我们对资产负债表中的项目进行了简化，形成如表2-1所示的简易资产负债表。

表 2-1　简易资产负债表

编报单位：百万元

资产	期末数	负债和所有者权益	期末数
流动资产：		负债：	
现金	20	长期负债	40
应收款	15	短期负债	
在制品	8	应付账款	
成品	6	应交税金	1
原料	3	一年内到期马长期负债	
流动资产合计	52	负债合计	41
固定资产：		所有者权益：	
土地和建筑	40	股东资本	50
机器与设备	13	利润留存	11
在建工程		年度净利	3
固定资产合计	53	所有者权益合计	64
资产总计	105	负债和所有者权益总计	105

(二) 企业的经营成果

企业在特定期间(一个季度或 1 年)的经营成果表现为企业当期所取得的实际利润，它也就是一个企业实际经济效益的综合体现，我们常用利润表来表述。利润表是用来反映收入与综合费用、营业外支出相抵后确定的企业经营成果的一种会计报表。利润表的项目可以划分为两种类型，即收入项目和费用项目。

在沙盘课程中，为了简化编制会计报表的难度，我们对利润表中的项目进行了简化，形成如表 2-2 所示的简易利润表。

表 2-2　简易利润表

编报单位：百万元

项目	本期数	对应利润表的项目
销售收入	35	主营业务收入
直接成本	12	主营业务成本
毛利	23	主营业务利润
综合费用	11	营业费用、管理费用
折旧前利润	12	

项目	本期数	对应利润表的项目
折旧	4	利润表中的管理费用、营业费用及主营业务成本已含折旧，这里折旧单独列示
支付利息前利润	8	营业利润
财务收入/支出	4	财务费用
其他收入/支出		营业外收入/支出
税前利润	4	利润总额
所得税	1	所得税
净利润	3	净利润

(三) 股东期望

从利润表中可以看出，企业上一年实现了盈利300万元，增长能力已经有所放缓。企业管理层长期以来一成不变地生产和保守经营，造成生产技术设备陈旧，产品、市场单一，导致整个企业已经变得缺乏必要的创造力，目前虽尚未衰败但也几乎停滞不前。鉴于这种情况，公司董事会及全体股东最终决定将企业生产经营管理交给一批优秀的新人继续发展，他们更加渴望新的企业管理层能够把握时机，抓住机遇，投资新产品开发，使公司的竞争力和市场地位得到进一步提升；在推动全球市场向国内外广泛开放之际，积极探索和开发本地市场以外的其他新兴市场，进一步扩大和拓展自己的市场范围。努力扩大生产规模，采用现代化的生产方式和技术，全面带领企业进入快速健康发展阶段。

二、新管理层接手企业

企业经营管理主要包括企业的战略制定与执行、财务管理、采购与生产管理、市场营销等多项内容。在一个企业中，这些经营管理职能都是由不同的业务部门履行的，企业进行经营和管理过程也是各个业务职能部门协同工作、共同为实现企业目标而进行的一个过程。

(一) 企业组织结构

企业创建之初，一般情况下企业都需要自己建立一个与其企业类型相匹配的组织机构。组织机构的设置是保证企业正常运转的基本条件。在沙盘课程中，采用了比较简化的组织机构方式，组织结构由几个主要角色代表，包括：首席执行官、总经理助理、生产总监、采购总监、营销总监、财务总监、财务助理等，如图2-1所示。考虑到企业各个业务部门职能不同，一般的划分方法是把教学对象按 5~8 人分为一组构建一个企业的组织机构，各组形成特长、专业、能力和兴趣互相补充的模拟企业 ERP 运营小组，推选出各组的 CEO，然后 CEO 根据组员的兴趣、能力与特长，任命各部门负责人，组建一个各负其责、分工合作的新的管理层来管理运作这个公司。下面我们简单描述每个角色的工作内容和岗位职责，以期更好地帮助受训人员根据自身情况和实际情况来选择是否担任相应的角色。

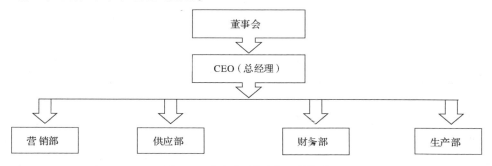

图 2-1　某生产型企业组织结构图

1. 首席执行官

首席执行官(CEO)本身既是公司行政一把手，又是公司股东权益的最终代言人，CEO 由所在小组通过竞选产生，企业所有的重要战略决策和经营规划均由首席执行官带领团队全体成员共同进行讨论和决定，如果大家意见相左，由 CEO 拍板决定。

在沙盘课程中，CEO 要更多地负起责任组建经营管理团队、协调各职位相互的关系、掌握各职能岗位运作的规则，综合掌握市场和企业信息做出各种决策，指导各职能岗位实施决策，制订企业生产经营战略，人尽其用，合理安排各岗位负责人，并督促和指导下属实施战略的责任。

(1)战略规划

企业经营须由 CEO 统揽大局，制定企业规章制度，统一领导各部门职能人员，通过企业年度经营规划会议，对各重大项目进行讨论和决策，制定并有效实施一套科学的企业发展规划以及有企业特色的经营战略，加强对企业经营过程的监管，加强团队的积极性与情绪控制，预防出现差错和影响。

企业战略规划，从某种程度来讲，就是使的经营管理团队知道，企业要做什么，为何要这样做，什么时候做，如何做好，做与不做对企业有何影响。在现实经济中，战略规划涉及面很广，但对沙盘模拟企业来说，主要包括厂房、生产线购买、租赁、出售规划，市场开发和 ISO 认证规划，生产规划，产品开发、长短期融资与投资规划等几个重要的方面。如表 2-3 所示。

表 2-3　企业战略规划表

	第一年				第二年				第三年				第四年			
	Q_1	Q_2	Q_3	Q_4	Q_1	Q_2	Q_3	Q_4	Q_1	Q_2	Q_3	Q_4	Q_1	Q_2	Q_3	Q_4
市场开发																
ISO 认证																
产品开发与生产																
厂房和生产投资																
融资与投资																

企业战略规划分为中长期规划和短期规划，前者为五年以上，后者一般为一年。沙盘模拟经营企业的战略规划应当特别重视短期规划，对初学者，尤其是大一、大二学生来说，由于专业知识不足，所以更要具体把握短期规划。企业每年年初由 CEO 主持召开新年度战略规划会议，根据上一年末的市场信息情况、生产情况、经营情况，对表中的相应项目进行战略规划，从而明确企业在该年度甚至是某一季度开展的工作，确定大体的经营管理方向和目标。

（2）领导协调

ERP 沙盘模拟经营过程中的领导协调，主要是对团队人员的调整，通过对各部门负责人的调整，鼓励大家工作的积极性，使分工协作成为真正的工作需要，切实合理地安排各岗位人员，督促员工各负其责，各司其职，统一形成总体经营决策，并共同执行实施。

CEO 在组建公司管理团队时，首先要善于发现人才，挖掘各位成员的特长、兴趣和能力，并任命他们担任合适的岗位。其次，经过一段时间运营后，发现部分成员与所担任岗位并不合适要进行职位的重新匹配，并做好安抚工作。最后，在运营过程中，要不断督促、激励各位成员参与运作和提高效率。

（3）效果检查

效果检查就是检查事先所制订的各项措施和计划执行的情况是否到位，找出存在的主要问题，检查计划执行效果。例如，企业综合费用突破了上限或下限，通过因果分析法，找出导致出现问题的原因，并采取措施解决问题。

CEO 及各部门负责人进行效果检查，看经营效果是否达到预期计划目标，如果没有达到就要检查是否严格执行了既定计划，如未执行，就要对原来制订的计划与方案进行改进和反思，制订并执行最优化的新方案。

（4）分析总结

在经营过程中，CEO 带领团队对每年各季度的工作成果，要及时进行总结。尤其是要总结一些成功的经验和失败的教训，补充到相关规章制度、计划和标准中去，使之后的经营决策少走弯路，能如期实现战略规划的目标。

2. 营销总监

企业的利润是由销售产品取得的收入带来的，产品销售的实现是企业发展和生存的关键，营销总监在企业中的地位非常重要。在沙盘课程中，营销总监主要的岗位职责是：市场预测，价格预测，开拓市场，投放广告，选择订单，填写订单计划表，开拓ISO质量体系认证，按订单交货，与生产、财务等部门协调完成销售任务。

（1）市场预测

销售部门是企业经营内外部环境的契合部，负责企业产品的销售，只有销售才能获得利润，所以其作用非常重要。市场预测是销售部门重要的工作职责，也是企业销售成败的关键，更是企业经营运转的前提。销售总监要在每年年初对当年的市场规模、技术要求、价格水平、产品需求等进行非常精准的预测和判断，为新年度销售规划提供决策依据，为年度广告费投放做好预算，以及为选取当年的订单提供指导数据。

（2）开拓市场

公司作为一个不断成长壮大的企业，最初是在自己所在地注册成立了企业并正式开始生产和经营，经过几年的经营和产品推广，具有一定的品牌知名度，在本地市场上已经是站稳了脚跟。在中国、亚洲、国际市场广泛开放的今天，一方面我们需要稳定自己企业现有的本地市场，另一方面要积极开拓新市场，争取更大的市场发展空间，才能够力求在产品的销售额上实现较快的增长。

所以，营销总监要结合企业的市场预测和战略规划，在每年年底都要进行新产品、新市场的开发，精确计算开发的时间进度和资金使用过度安排，以便能顺利地抓住市场机会，也便于采购、生产、财务等部门进行配合。

我国中小企业主动开拓市场的策略包括以下几种：①"滚雪球"策略。此为中小型企业最常用的一种市场竞争活动策略，即中小型企业首先应该做的是在现有市场的同一地理空间位置区域内，采取在一个市场区域内率先进行市场区域内拓展的一种竞争活动策略，在穷尽了一个地区市场区域后再向另一个新的区域市场进军的拓展战略。采用这种"滚雪球"式的循序渐进市场开拓战略，可在很大程度上减少市场开拓和实际运作中的风险，使企业稳扎稳打，循序渐进，不断扩大经营覆盖面和目标市场范围，对于实现企业及公司品牌根基的牢固大有裨益。但这样的企业战略选择也存在时间长、发展速度慢等诸多缺陷。②"保龄球"策略。这种竞争策略首先攻占整个目标市场中的某个"关键市场"，即第一个"球瓶"，然后利用这个"关键市场"的巨大市场辐射力和关键作用来影响周边市场，以达到最终全部占领目标市场的终极目的。例如，海尔集团在开发国内市场时，首先进入并占领了"北上广深"这个"金四角"国内市场，在开拓全球市场时，首先攻占"日本—西欧—美国"这三个关键国际市场。③"采蘑菇"策略。这无疑可以说是一种非常具有高度跳跃性的拓展市场策略，企业在仔细研究自己所需要开拓两个以上目标市场时，通常会严格地遵循自己所需要选择的两个目标市场"先优后劣"的竞争顺序和拓展原则，而不论自己所需要选择的两个目标行业市场之间是否完全相邻。也就是首先我们要考虑选择和占领及控制最有吸引力的目标区域市场，采摘最大的"蘑菇"；其次再考虑如何通过选择并占领较有吸引力的区域市场，即采摘第二大的"蘑菇"，不管这个目标区域市场和最有吸引力的市场是否邻近；以此类推，"采蘑菇"的积极市场开拓策略虽然说在总体上已经给予了现代人们挑肥拣瘦的感觉，存在缺乏地理区域上的连续性的缺点。④"遍地开花"策略。它主要是指企业在开拓其目标市场时，采用"到处撒网、遍地开花"的开拓策略，同时向各个目标市场发动全面进攻，以达到对各个目标市场同时占领的开拓策略。这种策略对资金要求较高，对于管理方面的考验也比较严格，要慎用。

（3）选择订单

营销总监职责是在每年初代表企业投放广告、参加订货会、选择订单。一定要及时结合市场预测及客户实际需求制订销售计划，根据价格预测和销售量预测有选择地投放广告，取得与企业产能相匹配的优质客户订单。

在选择订单时，要注意以下情况：

第一，供应能力。参加订货会某一种产品可能对市场很有吸引力，但是如果没有生产、供应能力或发展潜力，企业就应该放弃这类订单，不要选择。一般我们要选择能充分生产、交货的 P 系列产品订单。而选择不能生产或没有计划好生产的产品订单，由于不能及时按订单交货，就可能会给企业造成违约并接受订单总额 25% 罚款的结果，会给潜在客户留下不好的印象，同时也会降低企业的市场表现。

第二，市场条件。这主要是指产品要符合市场的水平、技术标准、消费习惯、法律规定等条件。产品的发展前景要求对不同市场上消费者的需求情况进行充分的掌握。对应企业自我的资格和生产能力进行对比，选择符合企业自身情况的销售订单。

第三，市场潜力。根据区域经济水平、消费习惯、消费水平等分析判断。如果展示无市场潜力的产品，不仅会显现出缺乏价值，而且很有可能会被人们当做一个笑话，给人带来不良印象和影响，反而会得到适得其反的展出效果。

（4）填写订单表

企业营销总监获取订单后，要填写订单登记表。订单登记表是客户购买具体产品的意向合同，它包括订单号，市场，产品名称、账期、数量、销售额、成本等内容（如表 2-4 订单登记表）。如果目的是为了获取多张订单，还要在每张订单中分别填写一个关于不同产品的订单产品核算统计表（如表 2-5 产品核算统计表）。

填写订单登记表要准确、快速、熟练，勿受干扰。要将所有的列表项目都能正确地填写出来，因为它是进行会计核算、编制会计报表的依据。

表 2-4　订单登记表

订单号							合计
市场							
产品							补充
数量							
账期							
销售额							
成本							
毛利							
未售							

表 2-5　产品核算统计表

项目/产品	P_1	P_2	P_3	P_4	合计
数量					
销售额					
成本					
毛利					

（5）按订单交货

营销总监的另一项工作是按订单交货，按订单交货必须按规范的企业订单管理流程，与库存管理、财务部门协作，及时按数量交货，从而提高服务质量，维护企业市场声誉。

订单交货流程如下：①与公司的生产部及时沟通生产进度，掌握所有产品的出货日期，并及时告知客户。确认下一批订单生产情况，并及时按客户订单要求、出货时间要求，及时按单交货。②公司订单产品生产加工完成后，由生产总监办理入库手续，仓库人员清点后办理入库相关手续并将其数据录入 ERP 存货系统。③认真核对产品订单账目，按照公司原定出货日期通知物流安排出货，款项必须在公司确认到齐后，开具一张出货单，由公司仓储物流部门组织相关工作负责人签字确认后给仓库，方可及时安排出货。备份所有需要出货的相关单据、证件，发货时应当同时备份相关单据和出货的其他单据相关证明文件或者出货证明相关证明单据。④与公司财务出纳确认付款信息，并按照销售订单上的收款期归置货款。⑤订单完成后，整理并存档订单资料。

订单交货责任相关部门包括：①营销部门。营销部门主要负责客户的产品开发和沟通工作，将其需求量化即市场获得的产品订单中产品的型号、单价、数量、质量要求和交货期限等信息通报给其他部门，在 CEO 的领导协调下完成订单产品交货。②生产部门。生产部门在接收到营销部门的市场需求量信息后，要在公司统一部署下负责协调和开展生产。技术质量部门负责监督检验作业程序，记录并解决生产中出现的质量问题，对所有产品成品进行品质鉴定。③供应部门。供应部门根据生产部门的物料需求及时采购相关原材料。

（6）质量体系认证

质量体系认证主要着重于对所有保证质量条件进行检查，以便确认该考核企业是否有效地保障其所申请的产品可以长期、稳定地符合特定的产品质量标准。沙盘企业必须取得产品质量认证才能生产出符合市场质量要求的产品。

我国国内市场、亚洲市场和国际市场上的客户对 P 系列的产品可能有质量认证的要求，主要是产品销售订单上标明有 ISO9000 和 ISO14000 的字样。企业如果没有质量认证体系资格，就无法争取到这样的产品订单。

营销总监负责完成质量体系认证工作，要根据企业战略规划，结合年度市场需求和营销计划，每年进行该项工作，ISO9000 认证需要开发 2 年，而 ISO14000 认证开发需要 3 年，每年需要 100 万元的开发费用。营销总监必须制定好进度安排和经费预算，并知会 CEO 和其他相关部门，以期在年度订货会上获取满意的订单。

（7）与生产、财务部门协调

营销总监，事实上是市场营销部门的负责人，代表着一个职能部门，要进行卓有成效的市场营销，不仅需要本部门的努力，还要充分协调企业内部的资源来共同完成。这就需要营销总监在经过努力开发了市场、获得了产品订单后，将所有订单信息，即客户的需求信息，包括产品的型号、数量、账期、交货期、质量要求等及时、全面地传达到 CEO、采购总监、财务总监、生产总监那里，并获得财务部门的资金支持、生产部门的生产支持和供应部门的采购支持。

（8）充当商业间谍

营销总监还可以兼任商业间谍，因为其最方便监控自己和竞争对手的生产经营情况，比如竞争对手正在开拓什么市场？未开发哪些市场？他们在销售上的主要策略？他们拥有哪种类型生产线？产能如何？商业间谍要充分了解市场，明确自己和竞争对手的动向，这样就有利于今后的竞争与合作。

3. 生产总监

生产总监是生产部门的领导者和灵魂人物，管理企业的所有生产活动，并对企业的一切生产经营活动及产品负最终的责任。生产总监既是企业生产计划的制订者和生产战略决策者，又是整个生产过程的决定者和监控者，对企业生产目标的实现承担着领导责任，其工作就是通过生产计划、组织安排、指挥和协调控制等手段实现生产资源的优化配置，为企业生产出合格的产品。

ERP 沙盘企业的生产总监的主要工作职责包括：向 CEO 汇报工作、组织生产、生产运作管理、与其他部门沟通。

（1）生产运作管理

生产运作管理，就是指为了实现企业生产经营目标、提高产能，对生产运作活动进行计划、协调、组织和控制等一系列管理工作的总称。

生产运作管理的主要内容包括：①MRP 系统战略决策。MRP 系统战略决策是从生产系统的产出如何能满足当今社会和用户的需求角度出发，根据我们的企业营销部门对市场需求情况的综合分析以及预测判断，从而解决"如何生产、生产什么、生产多少"的问题。②MRP 设计管理。主要包括：第一，P 系列产品自主研发。包括产品决策、产品设计、工艺选择、产品研发周期、认证管理与新产品试制等。其研发目的是为产品生产运作及时提供完整的、可以取得令所有人满意的合格产品和科学技术文件，并尽可能地缩短开发周期，降低新产品开发成本。第二，厂房基础设施和机器设备等固定资产购建、布置和管理。这部分内容主要包括工厂地址选择、厂房设施建设、生产经营规模、技术层次决策、工厂整体平面布置、机器设备选择与布置、车间及工作场所布置等。其目的是以最快的建设速度、最少的投资，建立起最适宜企业生产运作的，并能形成一个企业机器设备等固定资产的生产经营系统主体框架。③预测与核算企业产能。依据企业所拥有的生产线数量及正在建设的生产线数量预测出企业每年的各类产品的生产量，从而为营销部门提供竞单依据，为采购部门提供采购原材料数量与采购时机，保证生产的持续性和资源的合理配置。④制订、调整生产计划。根据市场预测，制订相应的生产计划，并要根据实际竞得的订单情况适时调整生产能力和生产布局。

生产经营管理的目标为：高效、灵活、低消耗、准时地为客户生产合格产品和提供满意服务。①高效：主要是指生产系统能够迅速地满足用户的需要。在激烈的国内外市场竞争条件下，谁的产品订单提前期短，谁就能赢得用户。②低消耗：是指在一定时间内生产相同的数量和质量的产品，人力、财力和物力的消耗最少。低消耗才能使生产成本最低，低成本才能使价格最低，低价格才能最终赢得用户。③灵活：主要是指能快速适应市场的变化，生产不同的品种和开发新品种或提供不同的商品服务和技术服务。④准时：主要是指在合同规定的时间，按用户需要的数量，提供用户所需的产品和服务。

（2）向 CEO 汇报工作

生产总监对企业的生产水平、生产能力等情况很清楚，结合市场总监对市场信息的预测与掌握，对企业的生产能力的不足与富余，要第一时间把握。因此，根据市场变化情况，生产总监需要及时向 CEO 提出企业厂房购买与租赁、生产线新建、转产与升级的建议，以促进企业生产的良性运转，全面完成企业的生产规划目标。对应市场需求，即每年取得的产品订单，结合远期的战略规划和生产规划，生产总监要及时向 CEO 提出生产扩大与改进的方案。

（3）与其他部门沟通

生产总监主要负责生产领域的工作，但其生产一是要满足不断发展和变化着的市场，二是受企业资金和原料提供能力的制约。因此，在整个生产制造过程中，生产总监必须随时与营销总监交流订单信息、市场信息，与财务总监沟通生产费用和加工费用支出问题，与采购总监沟通协调采购原料事宜，以使生产经营能正常有序且有效率地展开。

4. 采购总监

采购业务是生产经营活动的首要环节。采购总监主要负责编制采购规划和年度采购计划，并指导实施采购物资供应计划，分析各种物资供应途径和渠道及市场供求的总体变化情况，力求从采购物资的质量上、价格上把好首道关，确保在合适的地方和时间点，采购到价格合理、适合企业生产的物资品种及物资数量，为整个企业生产经营做好后勤保证。

（1）按生产需要制订采购计划

生产计划是各个企业生产总监领导生产部门职员制订出来的，也是各个企业根据市场需求定下的，那么企业要生产何种产品、按什么批次生产产品、生产数量多少、何时完成各批次产品、产品质量要求等，确定下来后采购总监就要负责依此编制出相应的采购计划，并按产品订单要求、制订采购计划并执行采购计划。

（2）建立采购渠道，实施采购原材料计划

采购总监要根据原材料市场行情，根据已经制订的季度采购计划，建立自己可以信赖的，能够保证低成本、及时发货的采购商，从而保证企业的采购及时与可靠，沙盘企业的原材料独家供应，价格统一，能充分保证各企业原材料供应，保证采购计划与要求的真正实施。

（3）库存管理

采购总监还涉及物流的职能，采购管理中对采购到货的原料，要及时入库并合理归置和存放原料，原材料要在原料库中有序存放，沙盘企业一般情况下每个空桶只放一个原材料，以保证采购到的原料的质量不误生产。同时对生产线上下来的产成品，也要按照产品类别合理存放到成品库，供营销发货。

（4）与其他部门沟通

采购计划来源于企业的生产计划，因此采购总监需要及时与生产总监沟通，了解生产的需要、库存的需要，依此进行原料的采购并进行库存管理；同时采购需要结算采购成本与费用，需要立足财务成本，节约或延迟支付款项，需要争取财务部财务总监的理解和支持，所以企业的采购总监也要多与财务总监进行协调与沟通，获得足够的资金支持。

5. 财务总监

在 ERP 沙盘模拟经营企业中，财务总监的主要管理二作和基本职责是：负责和监管好现金流，按客户应收账款需求支付货款，按企业经营需求核算成本和各项费用；每个经营年度按时报送财务报表并做好财务分析报告；及时做好现金预算、采用经济有效的方式合理筹措资金，控制资金的使用效率，控制和降低资金成本在较低水平。

（1）现金管理

现金虽然可说是一种无法产生直接利润和盈余的资产，但是为了满足日常生产经营的需要，企业必须在任何一个时刻都应该持有适量的现金，否则会造成现金断流，最终致使企业关门倒闭。现金预算是任何一家企业都必须做好的功课，以衡量这个企业在一定时期内的现金流入量、流出量及净现金流量。现金流量预算的编制方法主要是根据"以收定支，与成本费用匹配"的编制原则，采用实行零基预算的编制方法，按收付实现制原则来反映现金实际流入流出情况。经过企业财务人员反复平衡、汇总，最终形成企业年度现金流量预算。

编制现金预算的步骤如下：①准确地预测营业收入。针对企业和国内外市场的实际情况，在掌握比较充分的财务信息后，在与生产总监、营销总监进行沟通与合作的基础上，对未来一段时期的企业生产、销售情况进行预测，从而为资金、成本和费用的计划打下可靠的基础。②为达到预期销售水平所需的存货。与生产总监、采购总监和营销总监进行沟通与协调，合理确定库存材料、产品的合理数量。③安排采购量与确定的付款数量。与采购总监协调根据订单确定物料采购资金。④估算销售实现时间以及客户的付款时间。⑤估计产品开发费、市场开发费、行政管理费、质量体系认证费等费用的支付金额和日期。⑥综合上述资料，编制现金预算和现金使用计划，确定资金筹措量、筹措渠道，并且坚持低成本筹资的原则。

（2）筹集资金

筹资主要是指企业为满足生产运营资金的需要，向商业银行或单位及个人以及从其企业内部筹措资金的一种财务活动。筹资的主要目的包括：满足企业创建及发展运营对资金的使用需要，保证日常生产经营活动顺利进行，调整并改善企业原有的资本结构。

筹资渠道主要包括：①商业银行信贷资金。它已经成为一个企业最主要的资金来源，通过企业在银行形成的信用等级，以抵押或完全信用的形式用低成本筹集企业需要资金的形式。②票据贴现。它主要指一个企业将未到期的应收票据，通过向银行缴纳一定的贴现利息提前获得现金的一种形式，沙盘企业允许贴现应收账款，贴现费用为 1/7。③出售生产线、厂房和原材料、库存产品。如果其他筹资渠道不能让企业筹集到所需要的短期资金，那么，对于一个企业所拥有的生产线、厂房、原材料和库存产成品进行出售，也可以达到短期尽速获得资金的目的。

（3）填写报表

财务总监的重要职责之一是填写并分析财务报表，包括综合费用表、资产负债表、利润表，以反映企业财务状况和生产经营结果。例如表2-6、2-7、2-8。

表 2-6　综合管理费用明细表

单位：百万元

项　目	金　额	备　　注
管理费	4	
广告费	3	
保养费	4	
租　金		
转产费		
市场准入开拓		□区域　　□国内　　□亚洲　　□国际
ISO 资格认证		□ISO9000　　　□ISO14000
产品研发		P_2(　　)　P_3(　　)　P_4(　　)
其　他		
合　计	11	

表 2-7　利润表

单位：百万元

项　目	上 年 数	本 年 数
销售收入	35	
直接成本	12	
毛利	23	
综合费用	11	
折旧前利润	12	
折旧	4	
支付利息前利润	8	
财务收入／支出	4	
其他收入／支出		
税前利润	4	
所得税	1	
净利润	3	

表 2-8 资产负债表

单位：百万元

资　产	期初数	期末数	负债和所有者权益	期初数	期末数
流动资产			负债		
现金	20		长期负债	40	
应收款	15		短期负债		
在制品	8		应付账款		
成品	6		应交税金	1	
原料	3		一年内到期的长期负债		
流动资产合计	52		负债合计	41	
固定资产			所有者权益		
土地和建筑	40		股东资本	50	
机器与设备	13		利润留存	11	
在建工程			年度净利	3	
固定资产合计	53		所有者权益合计	64	
资产总计	105		负债和所有者权益总计	105	

(4)沟通协调

财务总监或财务助理针对经营战略、经营计划、经营实际情况以及未来经营需求，确定资金预算和资金使用计划，进行资金融通，建议企业融资的途径、数量与时机，经CEO审核同意后按具体操作步骤实施。并且在编制财务报表后进行分析，对各职能、各部门的资金运用效果进行分析与总结，向CEO提出分析结论并提出建议，即提交财务报告供CEO做企业总的战略决策。同时，对资金的管理还涉及对采购、生产和营销上的各项费用成本的管理，因而与这些职能部门总监进行信息的沟通与协调，既大力支持又要协调及进行财务监督，以保证资金使用的效率。

组建企业管理团队后，企业管理团队将领导公司未来的发展，在变化的市场中进行开拓，应对激烈的竞争。企业能否顺利运营下去取决于管理团队正确决策的能力。每个团队成员尽可能地在做出决策时利用自身的知识和经验，不要匆忙行动而陷入混乱。

提示：

·如果教学班人数较多，在指定了首席执行官、营销总监、生产总监、采购总监、财务总监之后，可以考虑分配总经理助理、财务助理、商业间谍等角色。

· 对于有实践经验的受训者来说，可以选择不同的职位，以体验换位思考。

· 在课程进行的不同阶段，也可以互换角色，以熟悉不同职位的工作及流程。

(二) 企业战略

随着我国市场经济的发展变化，越来越多的中国企业开始意识到：企业经营好像是在波涛汹涌的大海中航行，虽有风平浪静，但是更有惊涛骇浪的磅礴气势。要将企业这艘大船驶向希冀的大洋彼岸，就一定离不开企业战略这个罗盘和舵柄。

1. 企业战略的含义

在一定的时间内，企业只能做有限的产品生产经营，所以企业目标一定要明确。企业战略就是泛指在我国社会主义市场经济条件下，企业为谋求长久性生存和可持续发展，在深入剖析企业外部环境和内部生产经营条件的基础上，以正确的企业文化和指导思想，对于一个企业主要经营发展目标、经营发展方向、重大经营战略、策略和实施步骤，做出长远的、系统的和整体性的战略规划。

2. 企业战略的内容

一个完整的企业战略主要包括以下几个内容：

(1) 外部环境与内部条件分析

企业想要能够更好地实现它作为资源转换体的职能，就必须真正达到外部环境和内部资源条件的动态平衡。要了解清楚现在外部环境中哪些会为企业带来发展机遇，哪些因素会对企业形成威胁。进而正确认识一个企业内部资源条件是否充足、资源配置是否合理，只有全面把握企业的竞争优势和劣势，才能有效地使企业战略不脱离实际。SWOT 分析(strengths、weaknesses、opportunities 和 threats) 就是我们旨在制订企业战略时为其提供了一种可作为参考的分析方法。采用这样的分析决策方法的根本目的就是把自己企业和竞争对手企业的优势、劣势、机会和挑战进行分析对比，然后最终确定某一项新业务或新投资到底是否可行。做这个 SWOT 分析主要目的是因为有利于自己的公司在做新业务前是否可以充分发挥自己企业的长处而避免自己企业的短处，以趋利避害，化不利劣势为契机优势，化严峻的挑战为机遇，即所谓的"知己知彼，百战不殆"，从而降低公司的生产经营和投资风险。

(2) 战略目标

战略目标就是我们需要如何回答：企业在一个更长的时期内完成哪些任务？这个企业战略目标要体现时间限制、可计量，具有总领性和现实可行性。

优势：有利的竞争态势；良好的企业形象；技术力量；规模经济；产品质量；市场份额；成本优势；广告攻势等。

劣势：设备老化；管理混乱；缺少关键技术；研究开发落后；资金短缺；经营不善；产品积压；竞争力差等。

机会：新产品；新市场；新需求；外国市场壁垒解除；竞争对手失误等。

威胁：新的竞争对手；替代产品增多；市场紧缩；行业政策变化；经济衰退；客户偏好改变；突发事件等。

优势：有利的竞争态势；良好的企业形象；技术力量；规模经济；产品质量；市场份额；成本优势；广告攻势等	劣势：设备老化；管理混乱；缺少关键技术；研究开发落后；资金短缺；经营不善；产品积压；竞争力差等
机会：新产品；新市场；新需求；外国市场壁垒解除；竞争对手失误等	威胁：新的竞争对手；替代产品增多；市场紧缩；行业政策变化；经济衰退；客户偏好改变；突发事件等

图 2-2　SWOT 矩阵图

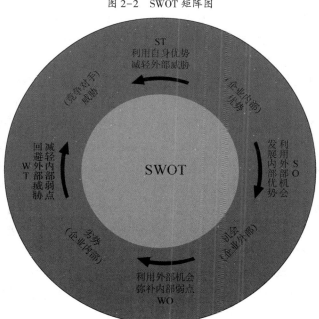

图 2-3　SWOT 分析

（3）经营方向

经营方向主要是指企业现在可以提供的产品与服务领域以及在未来一定时期内决定进入或退出、决定支持或限制的某些主要业务领域，它为企业活动确定了界限。

（4）经营策略

经营策略规定了企业如何利用其自身资源开展业务活动，从而达到实现战略目标。它应具体地规定企业管理阶层的工作程序和决策规则，研究和规划企业的经营重点，部署厂房、设备、人力等资源，明确公司的主要职能领域，例如市场营销、生产、R&D、人力资源、财务等各方面的工作方针及相互关系的协调措施和方法。

(5)实施步骤

实施这一战略步骤需要明确这一阶段战略目标需要分为几个阶段及每个阶段所要达到的阶段性战略目标。由于我们企业的这个战略目标是一个立足于长远发展的目标，因此不可能一蹴而就，客观上需要循序渐进，同时在战略方案的长期实施过程中，外部环境与内部资源条件也是不可能一成不变，需要分阶段实施战略目标，这样可以帮助企业对其经营效果做出回顾和评价，以期对战略方案做出适当调整，可以更有效、更现实地追求战略目标。

3. 战略类型

(1)稳定型战略。稳定型战略主要指企业的人财物资源分配和经营状况基本保持在目前状态和水平上的一种战略，即一个企业必须严格遵循目前的经营方向、面向的市场领域、正在经营的产品、产销规模和市场地位等大致保持不变或仅以微弱的幅度增长或降低。稳定型战略风险是相对较低，而且经营决策也相对简单，但缺点是过于保守，难以将企业做大做强，也容易被竞争对手击垮。

(2)增长型战略。增长型战略就是指企业未来的资源分配和经营状况都比目前状态和水平有所增长的战略。企业在发展过程中，任何成功的企业都必定会经历长短不一的增长型战略实施期，因为企业只有不断地扩大再生产，才能使企业从竞争力弱小的小企业发展成为实力雄厚的大企业。增长型战略主要包括一体化发展战略和多元化发展战略两类，其中，多元化发展战略包括：①横向多元化。它主要泛指企业以现有的产品市场为中心，向水平方向扩展事业领域，也称水平多元化或专业多元化。主要分三种类型：市场开发型横向多元化(即以现有产品为基础，开发新市场)；产品开发型横向多元化(即以现有市场为主要对象，开发与现有产品同类的新产品)；产品和市场开发型横向多元化(即以新开拓的市场为主要对象，开发销售新开发出的产品)。②多向多元化。它是指虽然与现有的产品和市场领域有些关系，但是通过开发完全异质的产品和市场使事业领域多元化。具体分为三种类型：技术关系多元化(是指以现有事业领域中的研究技术或生产技术为基础，以异质的市场为对象，开发异质的产品进行未来的经营)；市场营销关系多元化(是指以现有的市场领域的营销活动为基础，打入不同的产品市场)；资源多元化(是指以现有事业领域所拥有的物质基础为基础，开发异质的产品，打入新市场领域，使其资源更加能够被充分利用)。③复合多元化。主要是泛指从与现有的事业领域没有明显关系的产品和市场中寻求成长机会的战略，即企业所开拓的事业与原有的产品和市场毫不相干，其所需要的技术、制造方法、销售渠道等必须重新取得。

(3)紧缩型战略。它主要是用来泛指中国企业从目前的经营领域中收缩和撤退，且偏离起点战略较大的一种经营战略。与稳定型战略和增长型战略相比,紧缩型战略可以是一种消极的发展战略,也可以是一种以退为进的战略。紧缩型战略的类型主要有抽资转向战略、放弃战略和清算战略三种类型:①抽资转向战略。它是企业在现有的经营领域不能维持原有的产销规模和市场,不得不采取缩小产销规模和市场占有率,或者在企业拥有更好的发展机遇的情况下,对原有的业务领域进行压缩投资,控制成本以改善现金流,为企业其他业务领域提供资金的战略方案。②放弃战略。它是指将企业的一个或几个主要部门转让、出卖或停止经营,对一种产品的生产或某一个或多个市场进行放弃不再经营。③清算战略。它是指卖掉其资产或停止整个企业的运行而终止一个企业的存在。只有在其他战略都失败时才考虑此战略。

(3)专营战略与兼营战略。①专营战略。它是以一种新型的产品为主对消费者进行市场开发、广告投放,因而从更广大的市场投资来说是减少的,同时也可减少产品开发成本以及其他费用开销。此战略可集中全部力量,但缺点是竞争面比较狭窄,没有充分考虑产品的生命周期、市场占有率和市场需求量等因素,不易取得市场领导地位。②兼营战略。其主要特点是多个产品在多个市场上进行市场开发和广告投入,并进行多种产品的生产,以此占领多个产品市场。此战略较为稳妥,但会增加开发成本和其他费用开支。兼营战略做好了,产品的转产、产品的开发会逐步有序展开完成,在企业经营实战中成绩斐然。

(3)竞争战略与避竞争战略。①竞争战略。也可以称为业务层次战略或者 SBU 战略,它研究解决的一个主要核心问题是,如何通过确定客户需求、竞争者产品及本企业产品这三者之间的关系,来奠定本企业产品在市场上的特定地位并维持这一地位。常用的企业市场竞争战略分为三种:成本领先竞争战略、差异化竞争战略、目标集中竞争战略。成本领先竞争战略是指企业尽自己最大的努力减少成本,通过低成本降低商品价格,维持竞争优势。它要求企业必须建立起高效、规模化的生产设施,全力以赴地降低产品成本,严格控制产品成本、管理费用及研发、服务、推销、广告等各个方面的成本费用。差异化竞争战略是将公司提供的产品或服务差异化,树立起一些全产业范围中具有自己企业独特性的东西。实现差异化竞争战略可以采取许多途径,如设计产品名牌形象、保持技术领先优势、性能特征、客户服务、商业互联网及其他各个方面的特色等等。但这种战略与提高市场份额的目标不可能相互兼顾,在构建企业的差异化战略的活动中总是伴随着很高的运营成本代价,有时即便全产业范围的顾客都了解公司的独特优势,也并非所有顾客都将愿意或有能力支付公司所要求的高价格。目标集中竞争战略是主攻某个特定的客户群、某产品系列的一个细分区段或某一个地区市场。公司业务的专一化能够促进企业以较高的效率、更好的经营效果为某一狭窄的战略对象服务,从而远远超过在较广阔范围内竞争的对手。②避竞争战略。此战略尽量减少两军对垒相争,人弃我取。如自己的企业可以放弃大家都在白刃相争的市场,而开发和占领竞争不激烈的其他市场,别人不生产某产品,则我们生产的产品,即生产竞争力不是很强的产品,一般不差过 3 家企业。此战略有可取之处,但缺少对竞争对手的遏制,且开发的是非主流市场或产品,开发时费用较大,而且周期长,因此也会有困难,对经营决策要求较高。

4. 选择战略

在 ERP 沙盘模拟经营课程中,企业管理层通过互联网、媒体、广告等渠道获得一定时期有关产品、价格、市场发展情况的预测资料,结合企业所在地区和国内外市场的实际情况,进行战略选择。在此举几个例子。

(1)我们想成为什么样的公司?公司规模(大公司或小公司),生产产品(多品种、少品种),市场开拓(许多市场,少量市场),努力成为市场领导者还是市场追随者?为什么?

(2)我们倾向于研发生产何种产品?何种市场?企业竞争的前提是资源有限,在有很多选择时,放弃比不计代价的掠夺的方式更明智,因此我们需要企业管理者做出决定:有限的资源是在一个重点市场、一个重点产品投放呢?还是全面铺开?

(3)我们正在积极规划怎样快速拓展生产设备?有四种生产设备可供企业选择,不同类型生产设备的购置价格、生产能力、生产周期、灵活性等属性各不相同。由于企业目前生产设备比较陈旧落后,若想提高产品生产能力,必须考虑更新现代化生产设备。图 2-4 对四种可选设备进行了比较分析。

(4)企业计划采用怎样的融资策略?资金是企业生产运营的基础。企业融资方式可以是多种多样的:例如发行股票、发行企业债券、银行贷款、应收票据贴现等。每种融资方式的具体特点及适用范围都有所差异,企业在制订融资战略时应结合企业的战略发展规划,做好融资规划,以此来保证企业的正常运营,控制资金流动性和资金成本。

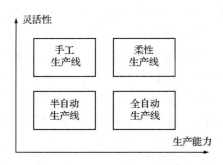

图 2-4　四种可选生产设备比较

5. 战略调整

企业战略并非是一成不变的,而是依照企业内外部环境的变化和竞争对手的发展情况不断动态调整的。每一年经营下来，都要检验企业战略的科学性和实战性，并且根据以后几个年度的市场趋势预测，结合企业自身优势和劣势，调整其既定战略。

三、初始状态设定

从资产负债表、综合费用明细表和利润表三张主要财务报表中，虽然我们可以了解企业的整体财务状况及年度经营成果，但却不能得到更为详细的财务信息，如长期借款什么时候到期，应收账款什么时候回笼等。为了让沙盘企业有一个公平的竞争环境，需要在 ERP 手工沙盘课程中统一设定模拟企业的初始运作状态。

从资产负债表上我们可以看到，模拟企业总资产规模为 1.05 亿(其中百万是灰色模拟数字货币一个单位，下同)，因此各沙盘企业目前拥有 105 个单位为 1 百万(M，下同)的模拟币值(灰币)。下面就按照资产负债表上各项目的排列顺序将企业资源分布状况复原到手工沙盘上，复原的过程中最好请各个岗位工作人员各司其职，从熟悉本岗位工作内容开始。

(一)流动资产 52M

流动资产包括现金、存货、应收账款等，其中存货又细分为在制品、产成品和原料。

1. 现金 20M

请财务总监拿出一满桶 20 个灰币(共计 2000 万元)放置于手工沙盘现金库位置。

2. 应收账款 15M

为了能够获得尽可能多的客户，企业一般采用赊销策略，即允许客户在一定期限内缴清货款而不是货到即付款。应收账款是分账期的，最多 4 个账期，每个账期 1 个季度，请财务总监或者财务助理拿一个空桶，数出 15 个灰币(共计 1500 万元)装入空桶，置于手工沙盘盘面上应收账款 3 账期位置。

提示：

·账期分为四个季度。离现金库最近的为 1 账期，最远的为 4 账期。

3. 在制品 8M

在制品是指正在进行加工，处于生产过程中，尚未完工入库的产品。大厂房中初始盘面设置有三条手工生产线、一条半自动生产线，每条生产线上各有一个 P_1 产品，分别放置在手工生产线的一、二、三期位置。手二生产线有三个生产周期，靠近原料库位置的为第一周期，手工线在沙盘上位置不要放错(注意每条生产线只能同时生产一个产品，下同)。半自动生产线有两个生产周期，P_1 在制品位于第一周期。

每个 P_1 产品成本为 200 万元,由两部分构成: R_1 原料费 100 万元和人工费 100 万元,取一个空桶放置一个 R_1 原料(红色彩币)和一个人工费(灰币)构成一个 P_1 产品(注意一般情况下 R_1 原材料在下面,人工费(灰币)在上面,最好不要放错)。由生产总监、财务总监和采购总监配合制作四个 P_1 在制品并摆放到手工沙盘生产线上的相应位置。

4. 成品 6M

P_1 成品库中有 3 个成品,每个成品同样由一个 R_1 原料费 100 万元和人工费 100 万元构成。由生产总监、财务总监和采购总监配合制作三个 P_1 成品并摆放到手工沙盘 P_1 的成品库中。

5. 原料 3M

R1 原料库中有三个原料,每个价值 100 万元。由采购总监取三个空桶,每个空桶中分别放置一个 R_1 原料,并摆放到 R1 原料库。

除以上需要清楚地说明表述的 P_1 产品的价值之外,还有已向原材料供应商发出的采购订货,预定 R_1 原料两个,采购总监将两个空桶放置到手工沙盘 R_1 原料订单处。

(二)固定资产 53M

固定资产包括土地及厂房、生产设备、在建工程等。

1. 大厂房 40M

该生产企业目前已经成功拥有一个自主的生产厂房——大厂房,价值 4000 万元。请财务总监或财务助理将等值资金用桶装好放置于手工沙盘大厂房价值处。

2. 设备价值 13M

我们经营的企业创办五年来,已经先后出资购置了三条手工生产线和一条半自动生产线,扣除历年累计折旧,目前这三条手工生产线账面价值为 300 万元,半自动生产线账面价值为 400 万元。请财务总监或财务助理取四个空桶,分别置入灰币 3 个、3 个、3 个、4 个,并放置于手工沙盘生产线下方的"生产线净值"处。

(三)负债 41M

负债包括长期负债、短期负债、应交税费及各项应付款。

1. 长期负债 40M

企业有 4000 万元长期借款,分别放置于手工沙盘长期借款第四年和第五年到期。我们约定每个空桶代表 2000 万元,请财务总监或财务助理将两个空桶分别置于手工沙盘第四年和第五年位置。

提示：

·对长期借款来说，沙盘上的纵列代表年度，离现金库最近的为第 1 年，以此类推，长期借款最多 5 年。对短期借款来说，沙盘上的纵列代表季度，离现金库最近的为第 1 季度，短期借款为 1 年 4 个季度。

·如果以高利贷方式融资，可用倒置的空桶表示，于短期借款处放置。

2. 应付税 1M

企业上一年税前利润 400 万元，按 25% 所得税率需交纳 100 万元税金。税金是年底交纳，此时没有对应操作。

至此，企业初始状态设定完成。

项目三
模拟竞争规则

　　企业是市场的主体、当今社会主义市场经济的最小组成单位，一个企业的发展要受自身条件和国内外经济环境的制约。企业的生存与企业间的竞争不仅要遵守国家的各项法律法规，还要遵守企业的各项经营管理制度，还要遵守行业内的各种约定。在沙盘企业开始模拟竞争之前，管理层必须了解并熟悉这些规则，才能做到合法合规经营，才能在竞争中求生存、求发展。

一、企业经营的本质

　　企业是指拥有生产资格，从事自主研发产品生产、流通和商品服务等活动，为满足社会需要和盈利，进行自主生产经营，自负盈亏，具有法人资格的经济组织。

　　经营是指企业以市场为对象，以企业商品生产经营和商品交换为手段，为了实现企业的生产销售目标，使企业的投资、采购、生产、销售、财务等经济活动与企业的外部环境保持动态均衡的一系列有组织的活动。

　　企业是一个以盈利为目的的商业组织。企业经营管理的目标可概括为生存、扩大再生产、利润最大化。

(一) 企业生存

　　企业要想生存下来必须要满足两个条件：一是以收入抵各种支出，二是到期还债。这从另一个角度告诉我们，如果企业出现资不抵债、现金断流情况，就会被迫宣布破产。

1. 资不抵债

　　如果企业所取得的各种收入，包括销售收入和营业外收入不足以弥补其各项支出，导致所有者权益为负时，企业就会破产。

2. 现金断流

　　如果企业的长期、短期等负债到期，无力偿还，债权人会来敲你的门追债，企业就会破产。

　　在模拟沙盘企业经营中一旦破产条件成立，一般会请本课程的主讲教师裁夺。一般可能有三种处理方式：其一，如果沙盘企业盘面能让股东/债权人看到一线希望，股东可能会追加投资，债权人也可以债转股。其二，企业联合或兼并即解散这个破产企业；其三，企业破产清算，宣布倒闭。

(二) 企业盈利

企业经营的本质是股东权益最大化，即利润最大化。而从利润表中的利润构成中不难看出盈利的主要途径一是通过扩大再生产来扩大销售(开源)，二是控制生产成本(节流)。

1. 扩大销售

企业利润主要来自主营业务销售收入，而主营业务销售收入由产品销售数量和产品单价两个因素决定。提高产品销售数量有以下几种方式：

(1)扩大市场规模，开拓区域、国内、亚洲、国际等新市场；

(2)研发新产品，例如研发 P_2、P_3、P_4 等产品；

(3)新建生产设备，扩大再生产，提高产能；

(4)合理加大广告投放力度，但广告费不能太高，要根据上年度广告预测和其他企业广告情况合理投放，用最少的广告费达到提高品牌宣传的目的。

提高产品单价受很多因素制约，但企业可以选择单价较高的 P_3、P_4 产品进行生产。

2. 控制成本

产品成本分为直接成本和间接成本。

(1)降低直接成本

直接成本主要包括构成产品的原料费和人工费及制造费用。在沙盘课程中，R_1、R_2、R_3、R_4 原材料统一定价为 100 万元 1 个，没有降低的空间；每种 P 系列产品的加工费(含人工费和制造费用)统一为 100 万元，因此在沙盘课程中，产品的直接成本也是固定的。

(2)降低间接成本

从节约成本的角度，企业一般可以把间接成本区分为投资性支出和费用性支出两类。投资性支出包括购买大厂房、小厂房，购买和安装新的生产线等；费用性支出包括市场营销广告、贷款利息等，通过有效财务筹划我们的企业是可以节约一部分间接成本的。

二、市场规则

企业的生存和发展离不开市场这个大环境。谁赢得并占有市场主导地位，谁就赢得了订单，在竞争中处于不败地位。市场不是一成不变的，而是瞬息万变的，这种变化增加了沙盘企业竞争的对抗性和复杂性。

(一) 市场划分与市场准入

市场是企业进行产品营销的场所，标志着企业的品牌占有率和销售能力。目前企业仅开发完成并拥有本地市场，除本地市场之外，企业还必须开发区域市场、亚洲市场、国内市场、国际市场，才能在市场竞争中处于有利地位。

1. 市场开发

企业在开发某个市场之前，一般需要营销总监等专业人员进行市场调研、编制调研报告、编制开发规划、招聘人员、做好公关、策划市场宣传活动等一系列工作。而这些工作均需要消耗资源——资金及时间。由于开发各个市场地理位置及行政区划不同，开发不同市场所需的时间和资金投入数量也不同，在市场开发完成之前，企业没有在该市场取得订单、销售产品的权利。

开发不同市场所需的时间和资金投入如表3-1所示。

表 3-1　开发不同市场所需的时间和资金投入

市　　场	开发费用/M	开发时间/年	说　　明
区域	1	1	·各市场开发可同时进行
国内	2	2	·资金短缺时可随时中断或终止投入
亚洲	3	3	·开发费用按开发时间平均支付，不允许加速投资
国际	4	4	·市场开拓完成后，领取相应的市场准入证

2. 市场准入

当某个市场(例如国内市场)开发完成后，该企业就取得了在该市场上销售产品的资格(沙盘课程由任课教师发放相应的市场准入证)，此后沙盘企业就可以在该市场上进行广告宣传，争取客户订单了。

对企业已经开发完成并进入的市场来说，如果存在以下某种情况，例如因为资金或其他方面的原因，企业某年不准备在该市场进行广告费用投放，那么也必须投入100万元的资金维持当地营销机构的正常运转，否则沙盘企业就被视为放弃了该市场。再次进入该市场时需要企业重新投入资金开发。

(二) 销售会议与订单争取

企业的产品销售预测和客户订单是企业生产产品的依据。销售预测从教材附录的销售预测表得到，其销售价格、销售数量、账期对所有企业而言是公开而透明的。众所周知，客户订单的获得对企业的生产经营影响是最大的。

1. 销售会议

每年年初，各企业会派出优秀的营销人员参加客户订货会，投入大量的资金和人力做营销策划、广告、客户访问等，以使得本企业能争取到更多的订货信息。

2. 市场地位

市场地位是针对本地、区域、国内、亚洲、国际五个市场而言的。企业的市场地位根据上一年度各企业的所有产品即 P_1、P_2、P_3、P_4 四种产品的销售总额由沙盘控制系统根据选单自动排列，销售总额最高的企业称为该市场的"市场领导者"，俗称"市场龙头"。

3. 广告投放

广告是分本地、区域、国内、亚洲、国际五个市场，分 P_1、P_2、P_3、P_4 四种产品分别投放的，投入 100 万元有一次选取订单的机会，以后每多投 200 万元增加一次选单机会。如：投入 500 万元表示准备拿 3 张订单，但是否能有 3 次拿单的机会则取决于市场需求、竞争态势等；投入 200 万元准备拿一张订单，只是比投入 100 万元的优先拿到订单。

在"竞单表"中按市场、按产品登记广告费用。"竞单表"如图 3-1 所示，这是第三年 A 组广告投放情况。

第三年　A组（本地）						第三年　A组（区域）						第三年　A组（国内）				
产品	广告	单额	数量	9K	14K	产品	广告	单额	数量	9K	14K	产品	广告	单额	数量	9K	14K
P1	1					P1						P1					
P2						P2	2					P2	3				
P3						P3						P3					
P4						P4						P4					

图 3-1　竞单表

注意：

·竞单表中设有9K（代表"ISO9000"，下同）和14K（代表"ISO14000"，下同）两栏。这两栏中的投入的宣传费用，该投入对整个市场所有产品有效。

·如果希望获得标有"ISO9000"或"ISO14000"的订单时，必须在相应的栏目中投入 100 万元广告费。

4. 客户订单

市场订单以客户订单卡片的形式表示，如图 3-2 所示。卡片上标注了年限、市场、订单号、产品、产品数量、单价、总金额、账期、特殊要求等要素。

第6年	亚洲市场	IP4-3/3
产品数量:	3 P$_4$	
产品单价:	12 M/个	
总 金 额:	36 M	
应收账期:	4 Q	
ISO 9000		加急!!!

图 3-2 客户订单

如果没有特别说明,普通订单可以在当年内任一季度交货。如果由于产能不够或其他原因,导致本年不能交货,企业为此应受到以下处罚:

(1)因不守信用市场地位下降一级,如果是龙头企业,取消龙头资格;

(2)下一年该订单必须最先交货;

(3)交货时扣除该张订单总金额的25%(取整)作为违约金。

卡片上标注有"加急!!!"字样的订单,必须在当年的第一季度交货,延期罚款处置同上所述。因此,营销总监接单时必须要考虑企业的产能。当然,如果其他企业乐于合作,可以进行组间交易。

注意:

·如果上年市场老大没有按期交货,市场地位下降,则本年该市场没有老大。

订单上的账期代表客户收货时应收货款的交付方式。若为0账期,则为现金交易,财务直接付款;若为3账期,代表客户付给企业的是3个季度到期的应收账款。

如果订单上标注了产品质量认证"ISO9000"或"ISO14000",那么要求生产企业必须取得了相应认证资格并投放了认证的广告费,两个条件均具备,才能取得这张订单。

5. 订单争取

在每年年初的销售会议上,将综合每个沙盘企业的市场地位、广告费投入、ISO认证、市场订单需求及企业间的竞争情况等因素,按规定程序到教师指定的交易地点领取订单。客户订单是按照市场划分的,选单次序如下:

首先,由上一年该市场的市场龙头即销售总额第一的企业最先选择订单。

其次,按每个市场单一产品广告投入量,剩余的企业依照广告投入额的多少由教师评定选单优先次序,企业依次选择订单;如果单一产品市场广告投放相同,则比较该市场两者的广告总投入;如果该市场两者的广告总投入也相同,则根据上一年市场地位决定选单次序;若上一年两者的市场地位相同;则采用非公开招标方式,由双方提出具有竞争力的竞单条件,由客户选择。

注意：

· 一个企业不管投入多少广告费，每次一个企业只能选择 1 张订单，然后等待下一次选单机会。

三、企业运营规则

现实生活中，企业需要遵循我国规定的各项法律、法规。举例来讲，仅财务制度中的税收一项，就包括增值税、个人所得税、企业所得税及其他税。其税种之多，要另写一本《企业税务实务》才能列全。在沙盘模拟课程中，一般只能采取相对简化的方式，抓大放小，做到简单而有效的教学。本着简化的原则，我们将企业运营规则分为六个部分。

（一）厂房购买、出售与租赁

企业目前已经购置了一个在生产经营的大厂房，价值 4000 万元。另有小厂房可供选择使用，有关大、小厂房购买、租赁、出售、容量的相关信息如表 3-2 所示。

表 3-2　厂房购买、出售与租赁

厂　　房	买　　价	租　　金	售　　价	容　　量
大厂房	40M	5M/年	40M	6 条生产线
小厂房	30M	3M/年	30M	4 条生产线

提示：

· 厂房可随时按购买价值出售，即可以得到价值 4000 万元，4 个账期的应收账款。

· 为了简化操作，厂房不提折旧。

（二）生产线购买、转产与维修、出售

企业大厂房内目前有三条手工生产线和一条半自动生产线，另外可供企业选择的生产线还有全自动生产线和柔性生产线。不同类型生产线的主要区别在于生产效率和灵活性，例如自动每个季度生产一个指定产品，转产需要一个季度，柔性线每个季度可生产任意产品，转产不需要时间周期。这里的生产效率是指单位时间生产 P 系列产品的数量；灵活性是指转产生产其他产品时设备调整的难易性。有关生产线购买、生产周期、转产、折旧与维修、出售的相关信息如表 3-3 所示。

表3-3　生产线购买、转产与维修、出售

生产线类型	购买价格	安装周期	生产周期	转产周期	转产费用	维 修 费	残　　值
手工生产线	5M	无	3Q	无	无	1M/年	1M
半自动生产线	8M	2Q	2Q	1Q	1M	1M/年	2M
全自动生产线	16M	4Q	1Q	2Q	4M	1M/年	4M
柔性生产线	24M	4Q	1Q	无	无	1M/年	6M

说明：

上表中 M 代表百万元，Q 表示季度。

·所有生产线可以生产指定的产品，即新建生产线时必须指定是生产哪种产品。

·投资新生产线时按照安装周期平均支付投资，不能加速投资，全部投资到位后的下一周期可以领取产品生产标识，然后才能开始生产。资金短缺时，任何时候都可以中断投资。

·生产线转产是指生产线转产生产其他产品，如半自动生产线原来生产 P2 产品，如果转产 P3 产品，需要改装生产线，因此需要停工一个季度，并支付 100 万元改装费用。

·当年投资的生产线价值计入在建工程，当年不提折旧，从下一年度按余额递减法——设备原值-残值的 1/4（取整）计提折旧。设备价值小于等于残值时，不计提折旧。

·当年已售出的生产线不支付维修费。

(三) 产品生产

产品研发完成后，可以按订单进行生产。生产不同的产品需要的原材料不同，各种产品所用到的原材料及数量如图 3-3 所示。

每条生产线同时只能有一个产品在线，不能同时 2 个以上产品。产品上线时需要财务人员支付加工费，不同生产线的生产能力不同，但需要支付的加工费是相同的，均为 100 万元。

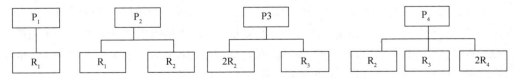

图 3-3　P 系列产品的 BOM 结构

(四) 原材料采购

原料采购涉及两个环节，签订采购订货合同和按订货合同收料。签订采购订货合同时要注意采购提前期。R₁、R₂原料需要一个季度的采购提前期；R₃、R₄原料需要两个季度的采购提前期，没有提前订货不能购买原材料，只能紧急采购或停工待料，紧急采购价格是原价格的2倍。货物到达企业时，必须照单全收，并按规定支付原料费或计入应付账款。

（五）产品研发与国际认证体系

企业目前可以生产并销售P₁产品。根据本地市场预测，另有技术含量依次递增的P₂、P₃、P₄的三种产品有待进一步开发，但由于企业初始资金有限，企业不能同时开发P₂、P₃、P₄，只能选择其中1种产品或者2种产品的组合来开发，开发前一定要做好资金预算。

1. 产品研发

不同技术含量的产品，需要投入的研发时间都是5个季度，但是投入的研发投资是有区别的，P₂的研发投资是500万元、P₃的研发投资1000万元、P₄的研发投资1500万元，呈现递增趋势，如表3-4所示。

表3-4 产品研发需要投入的时间及研发费用

产品	P₂	P₃	P₄	备注说明
研发时间	5Q	5Q	5Q	（1）各产品可同步研发；按研发周期平均支付研发投资；资金不足时可随时中断或终止；全部投资完成的下一周期方可开始生产；
研发投资	5M	10M	15M	（2）某产品研发投入完成后，可领取产品生产资格证

2. ISO认证

随着中国加入世界贸易组织，客户的产品质量意识及环保意识越来越清晰。经过一定时间的市场孕育，这些潜在客户信息最终会反映在客户订单中。企业要进行ISO认证，ISO9000需要认证2年并支付200万元的费用，ISO14000需要认证3年并支付300万元的费用，如表3-5所示。

表3-5 国际认证需要投入的时间及认证费用

ISO认证体系	ISO9000质量认证	ISO14000环境认证	备注说明
持续时间	2年	3年	（1）两项认证可以同时进行；（2）资金短缺的情况下，投资随时可以中断；
认证费用	2M	3M	（3）认证完成后可以领取相应ISO资格证

(六) 融资贷款与贴现

资金是企业流动的血液，是企业任何生产经营管理活动的支撑。在 ERP 沙盘模拟经营课程中，企业成立时间不长，尚未上市，因此其融资渠道只能是银行贷款、高利贷和应收账款贴现，银行长期贷款利息为 10%、短期贷款利息为 5%、高利贷利息为 20%、应收账款贴现利息约为 14.29%，企业在生产经营过程中应尽量使用短期贷款，合理使用长期贷款，尽量不要贴现和高利贷。下面对比几种融资方式列于表 3-6 中。

表 3-6　企业可能的各项融资手段及财务费用

融资方式	规定贷款时间	最高限额	财务费用	还款约定
长期贷款	每年年末	上年所有者权益(2)已贷长期贷款	10%	年底付息，到期还本
短期贷款	每季度初	上年所有者权益(2)已贷短期贷款	5%	到期一次还本付息
高利贷	任何时间	与银行协商	20%	到期一次还本付息
应收贴现	任何时间	根据应收账款额度按1∶6比例	1/7	贴现时付息

提示：

·无论长期贷款、短期贷款还是高利贷均以 2000 万元为基本贷款单位。长期贷款最长期限为 5 年，短期借款及高利贷期限为一年，不足一年的按一年计息，贷款到期后返还。

·应收账款贴现随时可以进行，金额必须是 7 的倍数，不考虑应收账款的账期，每 700 万元的应收款交纳 100 万元的贴现费用，其余 600 万元作为现金放入现金库。

项目四
ERP 沙盘模拟经营实战

现在，想必各位同学都准备好了。首先不能太急，在充分了解企业生产运营规则之后，还需要熟悉企业的内部生产、经营、采购、销售流程。然后，再做好预算，运筹帷幄，再大展身手，和其他企业一决雌雄。

一、起始年经营

新的企业管理层，即每个企业 CEO 通过招聘组建团队接手企业，需要有心理准备，这是一个漫长的适应阶段，在这个阶段，需要与原有管理层交接生产、经营、采购、销售工作和紧密合作，熟悉企业的工作内容和工作流程及整体经营发展工作管理流程。因此，在 ERP 模拟经营课程中，设计了起始年，由指导教师带领各个团队完成。

（一）起始年的作用

当一家企业选定新组建的管理团队以后，原有管理层总要"扶上马，送一程"，新的团队需要对其整体经营管理发展工作是一个长期模仿适应的管理阶段。因此在起始年里，新任管理层仍受制于老团队领导，企业的决策仍然由老团队领导决定，上课过程中由指导教师担任老领导，新管理层只能按部就班执行。主要目的就是为了能够使整个团队成员加以磨合，各司其职，进一步熟悉企业生产经营及运行规则，明晰企业的一年的生产运营过程。

由于公司起始年的战略和决策仍然直接取决于原有管理层，因此，新管理团队要继续跟老领导即随指导教师的要求保守经营，不投资新产品研发，不购置及出售固定资产，不尝试新的融资，只是维持原有的生产规模，第一季度订购 2 个 R_1 原料，第二季度订购 1 个 R_1 原料，第三、四季度各订购 1 个 R_1 原料。

（二）企业运营流程

企业生产运营流程即代表着企业改革和简化的各种工作流程，又是企业运营工作必须遵守的实施步骤。包括年初需要执行 5 项工作、按季度需要执行的 19 项工作和年末需要做的 6 项工作。CEO 负责主持企业运营流程，团队全体成员各司其职，有条不紊，每执行完一项工作任务，CEO 和财务总监在年度经营记录表的方格中打钩作为完成标志。

"现金"本身就是整个企业的血液。并且伴随着企业各项生产经营活动的开展，会发生现金的流入和流出，产生净现金力量。为了能够清晰记录企业现金的流入和流出，我们特别设立了对于企业生产经营管理流程中的现金收支明细登记表。各部门负责人每完成一项任务时，如果涉及现金收付，财务总监在收付现金的同时，也要做好相应的准备，在相应的现金收支明细登记表内登记现金收支情况。

提示：

·在实施企业生产运营流程时，必须按照自上而下、自左而右的顺序严格执行。

1. 年初 5 项工作

（1）新年度规划会议

在新年伊始，企业的 CEO 要领导管理团队制订（或者是调整）企业的发展战略，做出企业的生产经营规划、生产线投资规划、长期贷款策略、营销策划方案等。具体而言，就是需要进行采购预算、销售预算、财务预算等。

以往的经验说明，"预则立，不预则废"。做好前期各项预算管理是企业生产经营战略决策和其他长期投资决策目标的一种非常重要的数量表现，即通过与其相关的数据和信息将影响企业全部财务经济行为的各项目标具体地、系统地反映出来。销售预算管理是编制预算工作的关键和基础，主要目的就是对本年度需要实现的销售总体目标的预测，销售预算的主要内容是销售市场、产品类型、数量、单价、销售收入、销售成本等。

ATP 还可以对承诺量的计算：在企业参加客户产品订货会取得订单之前，需要准确计算企业本年度最大可接单量，如果拿不到理想的订单，如何变通接单方案是必须考虑的。企业可持续接单量主要取决于现有生产能力和库存，因此产能计算是否正确将直接影响到订单能否成功交付。

（2）参加订货会/登记销售订单

参加客户产品订货会：各企业至少派一名营销总监或其他人员到订货会现场参加销售会议，订货会现场由指导教师指定，各企业按照市场地位排名、广告宣传投放、竞争激烈态势、市场产品需求等条件分配客户订单。

提示：

·在争取客户订单前，应以企业的生产能力、生产线投资计划等为主要依据，避免企业接单不足，生产线长期闲置或盲目接单，无法按时完成订单，造成不能交货，引起企业信誉下降。

登记企业销售订单：一般情况下，一个订单相当于与客户签订的一份产品订货销售合同，合同必须具有法律效力，需要对其订单进行客户管理和登记管理。营销总监在现场领取每一份销售订单后，负责将每一份订单登记在项目 8 提供的"订单登记表"

中，记录每一张订单所属销售市场、所需要订购的产品名称、产品销售数量、订单的实际销售额、产品质量要求、应收账款账期等；广告费需放置在物理沙盘上的"广告费"位置。财务总监或财务助理在企业年度经营流程记录表中登记支出的广告费用，为便于计算支出情况，可用负数记录。

（3）制订新年度计划

在确定年度的销售目标和任务后，需要以企业的销售目标为核心，结合企业对未来几年的市场预期，编制 MRPII 计划、采购计划、销售计划、固定资产投资计划并及时进行相应的资金预算和资金使用计划。将企业的采购、物流、生产、销售有机结合起来，让企业的各部门的工作有机地结合，形成一个有机的整体。

（4）支付应付税

依法依规纳税，这已经是每个企业及中国全体公民的义务，沙盘企业主要是按25%的税率缴纳所得税。请财务总监或财务助理按照上一年度利润表的"应交税金"一项的数值取出相应的现金放置于物理沙盘上的"税金"位置，并在企业年度经营流程记录表中做好现金支出和使用记录。

2. 每季度 19 项工作

（1）季初现金盘点（请填余额）

财务总监或财务助理对目前现金库中的现金进行清点，并在企业年度经营流程记录表中登记现金余额。

（2）更新短期贷款/还本付息/申请短期贷款

企业目前如果有短期贷款，请财务总监或财务助理将空桶向现金库方向移动一格例如将在 3Q 的空桶移动到 2Q。移动至现金位置时，表示短期贷款已经到期，需要还本付息。

短期贷款的还款付息方式是利随本清。短期贷款到期时，每桶需要支付 2000 万元×5%＝100 万元的利息，因此，本金与利息共计 2100 万元。财务总监或财务助理从现金库中取出现金，其中 2000 万元还给银行，银行由指导教师确定地点，还款需要指导教师确认，100 万元放置于沙盘上的"利息"位置并在年度经营流程记录表做好现金收入支出记录。

短期贷款只能在每一季度经营开始时申请。申请短期贷款的最高额度为：上一年所有者权益 2 已有短期贷款，指导教师可根据需要向上或向下取整确定短期贷款的最大额度，但必须是 2000 万元的倍数。

提示：

·企业如果资金出现问题，可以申请高利贷，高利贷贷款额度视企业情况而定，但必须经过指导教师同意才可申请高利贷。如果贷了高利贷，可以用倒置的空桶表示，高利贷利息为 20%，管理方法同短期借款一样。

（3）更新应付款/归还应付款

手工沙盘全部为现金交易，没有应付款需要更新。

（4）原材料入库/更新原料订单

供应商自行组织配送发出的原材料订货已运抵企业所在地时，企业必须无条件按原材料订单接受货物并用现金支付材料款，不能赊购。采购总监将原材料订单区中的空桶装入原材料，原则上每个空桶智能转一个原材料，然后向原料库方向推进一格，到达原料库时，向财务总监或财务助理申请原料款，支付给供应商，换取提前订购的 R_1、R_2、R_3、R_4 原材料。现金支付后，财务总监或财务助理要在企业年度经营流程记录表做好现金收支记录。

（5）下原料订单

采购总监或其他采购人员可以根据年初制订的采购计划和采购管理方案，决定每个季度如何采购的原材料，每个空桶表示可以订购一个原料，将相应数量的空桶放置于手工沙盘对应品种的原料订单处。

（6）更新生产/完工入库

由运营总监将各生产线上的在制品向前推进一格，自动线和柔性线一期生产完成，不用向前推进。产品下线表示产品完工，将产品放置于手工沙盘相应的产成品库。

（7）投资新生产线/变卖生产线/生产线转产

投资新生产线时，各企业运营总监到讲台领取新生产线及其生产标识牌，翻转放置于厂房相应位置，其上放置与该生产线安装周期相同的空桶数，每个季度向财务总监或财务助理申请生产线建设资金，额度＝设备总购买价值/安装周期，例如自动线每个季度投入 400 万元，不能加速投资，财务总监或财务助理在年度经营流程记录表做好现金收支记录。在生产线全部投资完成后的下一季度，经指导教师确认将生产线标识翻转过来，领取产品标识牌，生产线才可以开始投入使用生产产品。

变卖生产线：当生产线上的在制品完工后，可以变卖生产线，在 ERP 沙盘模拟经营课程中，企业一般要淘汰落后的手工线和半自动线。如果此时该生产线净值<残值，将生产线净值直接作为现金收入；如果该生产线净值>残值，从生产线净值中取出等同于残值的部分作为收入，将差额部分作为综合费用的其他支出，例如手工线的净值为200 万元，出售时 100 万元作为现金，100 万元作为其他费用。财务总监或财务助理在年度经营流程记录表做好现金收支记录。

生产线转产：生产线转产是指某生产线转产生产另外一种产品，例如，原先生产 P_2，现在转产生产 P_3。不同生产线类型转产所需的调整时间及资金投入是不同的，请参阅沙盘模拟经营规则。如果需要转产且该生产线需要一定的转产周期及转产费用，请运营总监报请指导教师同意然后翻转生产线标识，按季度向财务总监申请并支付转产费用，停工满足转产周期要求并支付全部的转产费用后，再次翻转生产线标识，领取新的产品标识，开始新的生产。财务总监或财务助理在年度经营流程记录表做好现金收支记录。

提示：

·生产线一旦建设完成，不得在大小厂房间随意移动。

（8）向其他企业购买原材料/出售原材料

新生产线建设完成后，当新产品上线时，原料库中需要提前准备好足够生产的原材料，否则就可能会直接导致产品停工待料。这时采购总监不得向其他企业购买。只能到指导教师处紧急采购；紧急采购价格是原价格的2倍，财务总监或财务助理在年度经营流程记录表做好现金收支记录。

（9）开始下一批生产

当更新生产/完工入库后，某些生产线的在制品已经完二，可以直接考虑开始重新生产新产品。新产品的生产由运营总监负责，运营总监按照P系列产品结构从原料库中取出对应的原料，并向财务总监或财务助理申请产品加工费，将上线产品摆放到各类生产线的第一期位置。

（10）更新应收款/应收款收现

财务总监或财务助理每个季度将应收款向现金库方向推进一格，到达现金库时即成为现金，在年度经营流程记录表做好现金收支记录。

提示：

·在资金出现缺口可以随时考虑应收款贴现，财务总监按7的倍数取应收账款，其中1/7作为贴现费用置于沙盘上的"贴息"处，6/7放入现金库，在年度经营流程记录表并做好现金收支记录。手工沙盘应收账款贴现时不考虑账期因素。

（11）出售厂房

当资金短缺时，就可以考虑出售自己的厂房，由于厂房不计提折旧，所以厂房可以按购买价值出售，但得到不是现金而是4个账期应收账款。

（12）向其他企业购买成品/出售成品

如果产能计算上发生错误，就会造成本年度客户订单不能交付，这时不仅使公司信誉尽失，还需要接受订单总额25%的罚款。这时营销总监报请CEO同意后可以考虑进行组间交易，向其他企业购买缺少的产品。经过商业谈判后成交，如果以成本价购买，买卖双方正常处理；如果高于成本价购买，购买方将差价（支付现金产品成本）记入直接成本，出售将差价记入其他收入，买卖双方的财务总监或财务助理在年度经营流程记录表做好现金收支记录。

（13）按订单交货

营销总监检查各成品库中的成品数量是否满足客户订单要求，如果满足订单要求，则按照客户订单产品数量付给客户，并在订单登记表中登记该批产品的成本和销售利润。客户必须按订单收货(ERP 沙盘模拟经营课程统一到指导教师处交货),并按订单上列明的条件支付货款,若为现金(0 账期)付款,营销总监直接将现金置于现金库,财务总监或财务助理在年度经营流程记录表做好现金收支记录;若为应收账款,营销总监将现金置于应收账款相应账期处。

提示:

·必须按订单整单交货,不能交订单的一部分。

(14)产品研发投资

按照企业年初制订的 P 系列产品研发计划,运营总监经过 CEO 批准后向财务总监申请研发资金,置于相应产品生产资格位置。财务总监或财务助理在年度经营流程记录表做好现金收支记录。

提示:

·产品研发投资完成,到指导教师处领取相应产品的生产资格证。

(15)支付行政管理费

管理费用是企业为了维持正常运营发放的管理人员工资、必要的水电费、招待费等,行政管理费每个季度支付一次,财务总监或财务助理取出 100 万元摆放在“管理费”处,并在年度经营流程记录表做好现金收支记录。

(16)其他现金收支情况登记

除以上直接引起现金流入流出的项目外,还有一些没有对应项目的其他现金收支项目,如应收账款贴现、出售生产线的费用等,可以直接记录在该项中。

(17)现金收入合计

统计本季度现金收入总额。

(18)现金支出合计

统计本季度现金支出总额。第四季度的统计数字中包括本季度的和年底发生的长期借款利息、维修费等金额。

(19)期末现金对账

1~3 季度及年末,财务总监或财务助理盘点现金余额并做好登记。

以上 19 项工作每个季度都要执行。

3. 年末 6 项工作

(1)支付利息/更新长期贷款/申请长期贷款

支付长期贷款利息:长期贷款的还款方式一般是每年年底按照利率付息,到期后再偿还贷款本金。如果当年未到期,每桶长期贷款需要支付 2000 万元×10%=200 万元的利息,财务总监从现金库中取出长期借款利息置于手工沙盘上的“利息”处,并在年度经营流程记录表做好现金收支记录。长期贷款到期时,财务总监或财务助理从现金库中取出现金归还本金及当年的利息,并在年度经营流程记录表做好现金收支记录。

如果企业有长期贷款，请财务总监或财务助理将空框向现金库方向移动一格；当长期贷款全部转移到达至一家企业的现金库时，表示长期贷款到期。

长期贷款只有在每年年末可以申请。可以申请的额度为：上一年所有者权益2已有长期贷款+一年内到期的长期贷款。

（2）支付设备维修费

已经建成的每条生产线每年支付100万元的维护费。财务总监或财务助理取相应现金置于沙盘上的"维修费"处，并在年度经营流程记录表做好现金收支记录。

（3）支付租金/购买厂房

大厂房为自主厂房，无论何时在小厂房中安装了生产线，都要决定该厂房是购买还是租用，小厂房的租金是每年300万元，如果购买，财务总监或财务助理取出与厂房价值相等的现金置于沙盘上的厂房价值处；如果租赁，财务总监或财务助理取出与厂房租金相等的现金置于沙盘上的"租金"处，无论购买还是租赁，财务总监在年度经营流程记录表应做好现金收支记录。

（4）计提折旧

折旧是企业每个月必须考虑的事情，沙盘课程按年计提折旧。厂房不提折旧，生产线按余额递减法计提折旧，在建工程及当年新建生产线不提折旧。折旧设备净值/4取整。财务总监或财务助理从生产线净值中取折旧费放置于手工沙盘上的"折旧"位置。当设备价值下降至400万元时，每年计提折旧100万元，当设备价值等于残值时，不计提折旧。

提示：

·计提折旧时只可能涉及生产线净值这个项目，与现金流无关，因此在企业运营流程中标注了（ ）以示区别，计算现金收/支合计时不应考虑该项目。

（5）新市场开拓/ISO资格认证投资

新市场开拓：财务总监或财务助理从现金区取出现金放置在沙盘上要开拓的市场位置，一般情况下，要求每个企业必须开发区域、国内、亚洲、国际市场，开发过程可以间断，但第六年必须开发完成，并在年度经营流程记录表做好现金支出记录。市场开发完成，从指导教师处领取相应市场准入证。

ISO质量资格认证投资：财务总监或财务助理从现金区取出现金放置在沙盘上要认证ISO9000和ISO1400位置，ISO是产品质量的保证，各企业必须按时开发，并在年度经营流程记录表做好现金支出记录。认证资格完成，从指导教师处领取ISO产品质量资格证。

（6）结账

一年的生产经营下来，年终需要做一次沙盘盘面"盘点"，编制综合费用表、利润表和资产负债表。

在所有报表做好之后，指导教师将会取走沙盘上企业已支出的各项费用，为下一年生产经营做好准备。

二、商业情报

商业情报对于企业的发展具有很大的促进作用，是了解其他企业经营情况的信息来源，能强化和改变企业发展战略的一个重要依据。谁掌握情报，谁就能在激烈的市场竞争和商务活动中处于主动地位，谁就能赢得时间、产品、市场和利润。

(一) 商业情报的获得

商业情报的主要信息来源可以大致划分为两类，即一手情报和二手情报。一手情报主要通过商业和市场调查等方式获得，二手情报主要通过中间环节的信息获得，比如报纸、新闻动态、会议资料、互联网等。

(二) 商业情报分析

1. 读懂市场预测

在 ERP 沙盘模拟经营课程中，一般情况下市场预测是各企业能够分析得到的关于 P 系列产品市场需求预测的唯一且可供参考的有价值的信息，对市场预测的综合分析和策划与企业的市场营销战略规划息息相关。在市场预测中发布了第 1~6 年关于行业产品市场的预测资料，包括各市场、各产品的类型和总需求量、价格走势情况、客户关于技术及产品的质量要求等，如图 4-1 所示。

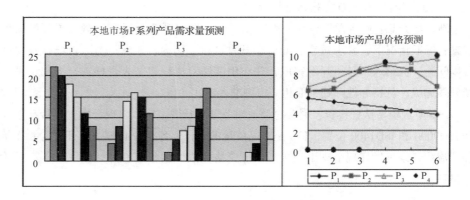

图 4-1　本地市场 P 系列产品需求预测

在市场预测中，除了直观的图形描述外，还用文字形式加以特别说明，其中尤其需要注意客户关于技术及 P 系列产品的质量要求等细节。

2. 竞争对手分析

营销总监还可以通过实地调查或其他途径了解正在经营的同行业竞争对手的情况。例如，他们已经研发了哪些产品？拥有了哪些专利？开发了哪些市场？建设了哪些生产线？生产能力如何？资本结构是什么等等？竞争对手分析有利于帮助企业在市场竞争中合理利用资源开展竞争与合作。

三、年度持续经营

现在，新的管理层即学生自主组建的团队已经接过了将企业发展壮大和继续向前发展的使命，你们将对公司的发展承担起完全责任。

(一)计划

计划是企业各项工作实施和落实的依据。每年年初，CEO 都要以身作则带领一支管理团队，在企业战略目标的指导下，制订销售计划、生产线投资计划、生产计划、物料采购计划、资金需要及使用计划、市场开发计划、ISO 开发计划及产品研发计划等。

1. 销售计划

营销部门制订的销售计划至少要详细说明：企业将生产哪些产品？生产的数量？通过哪些渠道进行销售？计划在哪些市场销售？各产品生产线生产比例、区域销售比例如何？企业是否考虑开展促销活动？正确制订产品销售计划的前提是收集必需的企业信息，做出相关的销售预测分析。包括：产品信息、市场订单信息、产能、竞争对手的生产经营情况等。

一般情况下，一个良好的销售计划一定要符合本部门销售组织的发展规划和计划。脱离企业和市场实际情况而且过于宏观的销售计划会对实际的销售活动失去指导意义。一个良好的销售计划同时也是一个全员都要积极参与的计划；是被企业各部门上下以及客户认可的计划。

2. 设备投资与改造

设备投资与改造就是为了提高产能，扩大再生产，保障企业可持续发展而制订的策略。企业开始进行生产线投资时需要考虑以下几个因素：

(1)市场上对各种产品的需求及价格状况；

(2)企业目前的产能；

(3)新产品的研发周期及进程；

（4）设备投资情况分析；

（5）新设备可以用于生产哪种产品？所需资金来源？设备安装位置？

（6）确定设备上线的具体时间及所需物料储备。

3. 生产计划

一个好的生产计划主要有五个层次，即经营规划、主生产计划、销售规划、能力需求计划和物料需求计划。这五个不同维度的计划实现了由宏观到微观、由粗到细的进一步深化过程。主生产计划是宏观向微观的过渡性计划，是沟通企业前方（主要包括产品市场、销售等需方）和后方（主要是产品制造、供应等供方）的重要环节。物料需求计划是主生产计划的具体化，企业要提前采购多少原材料才能满足生产需要，能力需求计划是对设备生产能力需求和物料需求计划做能力上的平衡和验证。从数据处理逻辑来讲，主生产计划与其他计划层次之间的基本结构如图 4-2 所示。

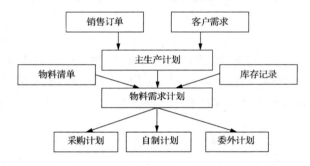

图 4-2　主生产计划与其他计划层次之间的关系

主生产计划要回答 A：生产什么？生产多少？何时生产？

物料清单回答 B：用哪些原材料来生产？

库存记录回答 C：我们仓库中已经有什么？

物料需求计划回答 D：还应采购哪些原材料？

它们共同构成了制造业的基本方程：ABC＝D

4. 采购计划

采购计划要回答三个问题：采购哪种原材料？采购多少原材料？何时采购原材料？

（1）采购种类

从图 4-2 中不难看出，企业采购计划的具体制订过程与物料需求计划密切相关，并直接上溯到主生产计划。根据主生产计划，减去产品库存，并按照产品的 BOM 结构展开，就得到了为满足生产所需还要哪些原材料，哪些可以自行生产，哪些必须委外，哪些需要采购。

（2）采购多少

明确了采购种类？还要计算采购多少原材料？这与物料库存和采购批量有直接

联系。

（3）何时采购

要达到"既不出现物料短缺，又不出现库存积压"即实现零库存的最高管理境界，就要考虑采购计划提前期、采购优惠政策等相关因素。

5. 资金计划

成本费用的实际发生都需要大量的资金、各项投资也需要大量的资金、到期偿还债务也需要更多的资金，如果没有一个准确详尽的资金预算和资金使用计划，很快企业各部门就会焦头烂额、顾此失彼。因此，每年年初做现金预算和资金使用计划是非常必要的，它可以使你运筹帷幄，游刃有余。

为了帮助大家制订计划，项目 8 提供了相关的辅助计划工具，包括企业经营过程记录表、生产计划及采购计划编制、开工计划、原材料采购及材料付款计划，还有用于财务综合评价的杜邦分析模型。

（二）内部流程及控制

计划制订之后，企业的日常生产运营将在 CEO 的领导下，按照企业运营流程所指示的程序及顺序进行。企业 CEO 和财务总监应该对各年每个季度的工作内容和要点进行记录，以便于核查、分析。

1. 企业运营流程

企业运营流程中包括了各沙盘企业进行日常运营时必须执行的工作任务、工作内容及必须严格遵守的工作流程，流程记录参考起始年指导教师演示的流程。由 CEO 主持，按照企业运营流程所列工作内容及先后顺序开展生产经营工作，必须一步一步操作，不允许跳跃，每执行完一项操作，CEO 和财务总监在相应的方格内打钩确认，以示完成；如果涉及现金收支业务，财务总监在年度经营过程记录表相应方格内填写现金收支情况。

2. 订单登记表

用于记录本年取得的客户订单。年初营销总监参加订货会，沙盘企业每年只有一次订货会，一定要把握机会，争取到客户更多的订单，随后进行订单登记，填写订单登记表中的订单号、市场、产品、数量、账期、销售额项目。在订单交货时，一定要计算 P 系列产品的成本并在订单登记表登记成本项目，计算每一张订单毛利项目。年末，如果有未按时交货的，在"未售"栏目中单独标注。

3. 产品核算统计表

产品核算统计表是按 P 系列产品品种对销售情况进行的统计，是对各品种本年销售收入、销售成本和毛利数据的汇总。本年销售的数据一般是订单登记表中合计数−本年未售+上年未售。

4. 综合管理费用明细表

用于记录企业日常生产运营过程中发生的各项管理费用。对于 ISO 资格认证、市场准入开拓和产品研发不仅要记录本年投入的总金额，还要在备注栏中详细说明。ISO 资格认证、市场准入开拓在备注栏中相关项目上打钩确认；产品研发在对应项目后的括号中填写实际投入金额。

5. 利润表

每年年末，要核算企业当年的生产经营成果，核算销售收入、直接成本、毛利、综合费用、折旧、利息、所得税等项目，财务总监负责编制利润表。利润表中各项目的计算如表 4-1 所示。

提示：

·如果前几年净利润为负数，今年的盈利可用来弥补以前的亏损，可以减除的亏损至多为三年。

表 4-1　利润表的编制

编报单位：百万元

项　　目	行次	数据来源
销售收入	1	产品核算统计表中的销售额合计
直接成本	2	产品核算统计表中的成本合计
毛利	3	第 1 行数据-第 2 行数据
综合费用	4	管理费+广告费+维修费+租金+转产费+市场准入开拓+ISO 资格认证+产品研发+其他
折旧前利润	5	第 3 行数据-第 4 行数据
折旧	6	上年设备价值的 $1/3$ 向下取整
支付利息前利润	7	第 5 行数据-第 6 行数据
财务收入/支出	8	借款、高利贷、贴现等支付的利息计入财务支出
其他收入/支出	9	出租厂房的收入、购销原材料的收支
税前利润	10	第 7 行数据+财务收入+其他收入-财务支出-其他支出
所得税	11	第 10 行数据除以 3 取整
净利润	12	第 10 行数据-第 11 行数据

6. 资产负债表

每年年末，财务总监要编制反映企业财务状况的资产负债表，反映流动资产：存货、原材料等，固定资产：生产线等，负债：长期借款、短期借款等，所有者权益：

股东股本、年度经营等情况。资产负债表中各项目的编制和计算如表4-2所示。

表4-2 资产负债表的编制

编报单位：百万元

资　产	数据来源	负债和所有者权益	数据来源
流动资产：		负债：	
现金	盘点现金库中的现金	长期负债	长期负债：一年内到期的长期负债
应收账款	盘点应收账款	短期负债	盘点短期借款
在制品	盘点生产线上的在制品	应付账款	盘点应付账款
成品	盘点成品库中的成品	应交税金	根据利润表中的所得税填列
原料	盘点原料库中的原料	一年内到期的长期负债	盘点一年内到期的长期借款
流动资产合计	以上五项之和	负债合计	以上五项之和
固定资产：		所有者权益：	
土地和建筑	厂房价值之和	股东资本	股东不增资的情况下为50
机器与设备	设备价值	利润留存	上一年利润留存+上一年利润
在建工程	在建设备价值	年度净利	利润表中的净利润
固定资产合计	以上三项之和	所有者权益合计	以上三项之和
资产总计	流动资产合计+固定资产合计	负债和所有者权益总计	负债合计+所有者权益合计

（三）反思与总结

每一年经营下来，需要反思企业的经营行为，分析实际经营情况与计划的偏差的原因，CEO要找出出错的原因和解决问题的方法，避免下一年度再犯同样的错误。聆听指导教师根据现场数据所做的点评及分析，记录学习收获，完善知识体系。

好了，按照本书项目8的表格与你的伙伴一起开始你充实的体验之旅吧！

项目五
企业评价

企业评价是分析评价企业内在价值和提供创造价值途径的行为，因而企业评价有明显的导向性。几年的经营下来，大家一定都很关注自己的业绩。本项目主要从企业成长角度、市场角度、财务角度和综合绩效评估四个方面对企业进行评价。

一、市场占有率分析

谁拥有市场，谁就拥有主动权。市场的获得又与各企业的市场分析与营销计划相关。市场预测和竞争对手分析在项目四中已简要说明，营销策划在 ERP 沙盘模拟经营课程中集中体现在广告费用的合理使用和投放上，因此从广告投入产出分析和市场占有率分析两个方面可以部分地评价企业的营销策略。

（一）广告投入产出分析

广告投入产出分析是评价广告投入收益率的指标，其计算公式为：

广告投入产出比＝订单销售额/广告投入

广告投入产出分析用来比较各企业在广告投入上的差异，ERP 沙盘模拟课程中常用柱形图进行对比分析。这个指标告诉经营者：本企业与竞争对手之间在广告投入策略上的差距，以提示营销总监深入分析每个市场和每个竞争对手，寻求节约成本，策略取胜的突破口。

图 5-1 中比较了第一年 A～F 个企业的广告投入产出比。从中可以看出，B 企业每 100 万元的广告投入为它带来 150 万元的销售收入，因此广告投入产出比弱于其他企业，表现最差，下一年度必须改进，而 E 企业每 100 万元的广告投入为它带来 320 万元的销售收入，

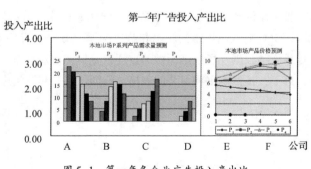

图 5-1　第一年各企业广告投入产出比

因此广告投入产出比胜过其他企业，值得其他企业参考并学习。

图 5-2 中展示了各企业 6 年的累计广告产出比。从柱形图中可以看出，经过 6 年的经营，A 企业在分析市场、制订营销计划上已经有了长足的进步，其广告投入产出比为 10.48，已经遥遥领先于其他企业，是最低企业的 3 倍，B 企业的广告投入产出比为 3.52，表现最差。

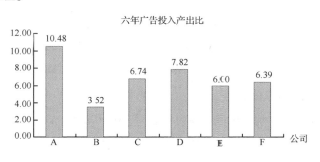

图 5-2　6 年各企业累计广告投入产出比

(二) 市场占有率分析

市场占有率是衡量企业营销能力的重要体现，市场占有率越高，表示企业的销售能力越强，企业只有拥有了市场才有获得更多收入和利润的机会。

市场占有率这个指标既可以按销售产品数量统计，也可以按销售产品收入进行统计，这两个指标综合衡量并体现了一个企业在市场中销售产品的能力和获取较高利润的能力。市场占有率分析可以在两个方向上展开，一是横向分析，二是纵向分析。横向分析是对同一时期各企业市场占有率的数据进行对比，一般用饼形图分析市场占有率，用以确定某企业在本年度的市场地位，单一市场 P 系列产品销售总金额最高的企业为市场龙头。纵向分析是对同一企业不同年度市场占有率的数据进行对比，一般用条形图分析市场占有率，由此可以看到企业历年来市场占有率的变化，这也从一个侧面反映了企业发展壮大的历程。

1. 综合市场占有率分析

综合市场占有率是指某企业在某个市场上全部产品的销售数量(收入)与该市场所有企业全部产品的销售数量(收入)之比。从图 5-3 中可以看出，在该市场 A 企业综合市场占有率为 28%，市场份额最大，该企业因为拥有最大的市场份额而成为市场龙头企业。

某市场某企业的综合市场占有率=该企业在该市场上全部产品的销售数量(收入)/全部企业在该市场上各类产品总销售数量(收入)×100%。

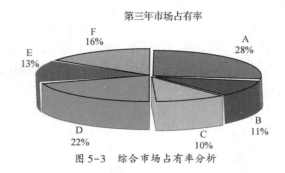

图 5-3　综合市场占有率分析

2. 产品市场占有率分析

充分了解企业在本地、区域、国内、亚洲、国际市场的占有率仅仅是第一步，如果想要进一步明确知道企业生产的 P_1、P_2、P_3、P_4 产品在各个市场的占有率对企业分析市场，确立市场竞争力和优势也是非常必要的。

某产品市场占有率=该企业在市场中销售的该类产品总数量(收入)/市场中该类产品总销售数量(收入)×100%。

图 5-4 中显示了第三年 P_2 产品各企业所占市场份额，可以看出 A 企业 P_2 产品市场的占有率为 29%，单一产品为最高。

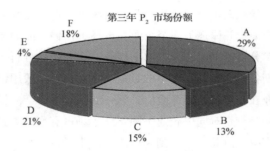

图 5-4　产品市场占有率分析

二、透过财务看经营

不同企业经营成果存在着很大的差异，这些都是由不同的决策影响的，而决策需要以准确、集成的财务大数据为支撑。财务部门是企业全局所有信息的集合地，是大量财务数据的主要来源。财务部门所提供的各项分析数据可以通过不同的决策指导公司各项生产运作。

（一）财务分析的基本方法

财务分析的方法一般有比率分析、因素分析、结构分析、相关回归分析、比较分析、趋势分析。

比率分析法是对财务报表内两个或两个以上项目之间的关系进行分析，它一般用相对数表示，又称为财务比率。这些比率可以揭示企业在一定时期的财务状况及经营成果。比率分析是一种简单、方便、最常用的分析方法，在财务大数据时代，只要有足够多的数据，财务人员利用大数据分析软件选好数据源，可以让计算机自动产生比率分析结果，在本课程分析中，各企业团队可以利用 Excel 电子表格设计好公式，对 6 年的收入、利润等数据做出比率分析。只要具有一个财政年度及以上的资产负债表和利润表，就能完整地分析一家企业的基本生产经营状况。

结构分析是把一张报表中的总合计为分母，其他各项目作为分子，以求出每一项目在总合计中的百分比，如：资产负债比率、净资产利润率，在 ERP 沙盘模拟课程中，各企业团队可以利用 Excel 电子表格设计好公式，对 6 年的资产、负债、所有者权益等数据做出结构分析。这种分析的作用是要发现异常项目。

比较分析是将本期报表数据与本企业预算或标杆企业或行业平均水平做对比，以找出实际与预算的差异或与先进企业的差距，在 ERP 沙盘模拟课程中常用条形图表示比较分析的结果。比较分析的作用是要发现企业自身存在的主要问题。

趋势分析是将三个年度以上的数据，就相同的项目做多年度高低走向的观察，在 ERP 沙盘模拟课程中常用曲线图表示趋势分析的结果以判断企业的发展趋向。

（二）五能力分析

近年来，人们常常使用五能力分析来对一个企业做出综合评价，五能力主要是指：收益能力、成长能力、安定能力、活动能力、生产力五个方面。如果企业的上述五项能力处于优良水平，就说明企业的业绩较为优秀。在财务上主要讲究的是定量分析，用数字说话，下面我们把五能力分析具体到可以量化的指标。

1. 收益能力

收益能力体现企业是否具有持续盈利的能力。收益能力定量分析分为四个指标，它们是销售毛利率、销售利润率、利润率、总资产收益率、净资产收益率。

（1）销售毛利率

销售毛利率是我们经常使用的一个分析指标。在 ERP 沙盘模拟课程经营中，它的计算公式为：

$$销售毛利率 =（销售收入 - 直接成本）/ 销售收入$$

销售毛利率说明了哪些问题呢？理论上讲，销售毛利率说明了每 1 元销售收入所产生的实际利润。让我们更进一步思考，销售毛利率是获利的最重要指标，但销售利润表反映的是报告期内企业所有产品的整体毛利率，不能准确地反映每个产品对整体销售毛利的贡献，因此还应该按每个产品计算销售毛利率。

(2)销售利润率

销售利润率指的是销售毛利率的进一步延伸，是毛利扣除了综合费用后的差额。在 ERP 沙盘模拟经营课程中，它的计算公式为：

$$销售利润率=折旧前利润/销售收入=(销售毛利-综合费用)/销售收入$$

本指标代表了企业主营业务的实际利润，反映企业主业生产经营的好坏。两个企业可能在销售毛利率相等的情况下，最终的销售利润率的确不同，原因就是管理费用、销售费用、财务费用不同的结果。

(3)总资产收益率

总资产收益率是一个直接反映企业流动资产、固定资产和其他资产的盈利能力的指标，它包含了财务杠杆的计算指标，它的计算公式为：

$$总资产收益率=税前利润/资产合计$$

(4)净资产收益率

净资产收益率一般直接反映投资者投入流动资金的最终获利能力，它的计算公式一般可简单表示为：

$$净资产收益率=净利润/所有者权益合计$$

这项指标已经是投资者最普遍关心的财务投资回报分析指标之一，也是公司的总经理及经营管理团队向公司董事会年终交卷时关注的最重要指标。但它涉及企业管理层对负债的运用。根据负债的多少可以将经营者大体分为激进型、保守型两类。

企业的负债与净资产收益率的关联性是非常明显的。在总资产收益率相同时，负债的比率对净资产收益率有着放大和缩小的拉动效果。例如，有 A、B 两公司，总资产相同，负债不同，假定两家企业负债年利率为 10%，所得税率 25%，比较计算净资产收益率指标却不相同，A 公司为 24.5%、B 公司为 18.7%，如表 5-1 所示。

表 5-1　总资产收益率相同负债不同的两个企业相关指标计算对比

企　业	总资产	税前利润	总资产收益率	负债	所有者权益	净利润	净资产收益率
A	100	20	20%	60	40	9.8	24.5%
B	100	20	20%	40	60	11.2	18.7%

2. 成长能力

成长能力代表了一个企业对未来发展的期望和信心，也就是说企业是否具有持续成长的潜力，即持续盈利能力。

成长能力指标包括三个主要反映企业生产经营成果增长速度变化的指标组成：销

售收入成长率、利润成长率和净资产成长率。

（1）销售收入成长率

这是一个衡量产品销售收入总额增长速度的比率指标，以衡量经营业绩的提高水平，指标值越高越好，大于 0.5 表示高速成长。计算公式为：

$$销售收入增长率=（本期销售收入-上期销售收入）/ 上期销售收入$$

（2）利润增长率

这是一个用来衡量利润增长速度的比率指标，以衡量经营效果的提高水平，越高越好，大于 1 表示高速成长。计算公式为：

$$利润增长率=[本期（利息前）利润-上期（利息前）利润]/上期（利息前）利润$$

（3）净资产增长率

这是一个用来衡量净资产增长速度的比率指标，以衡量股东权益提高的水平。对于投资者来说，这个指标是非常重要的，它反映了净资产的增长速度，大于 1 表示高速成长，其公式为：

$$净资产增长率=（本期净资产-上期净资产）/上期净资产$$

3. 安定能力

这是一个用来衡量企业财务状况是否稳定的财务指标，企业会不会发生财务危机的指标，一般由以下 4 个财务指标构成，即流动比率、速动比率、固定资产适配率和资产负债率。

（1）流动比率

流动比率的计算公式为：

$$流动比率=流动资产/流动负债$$

这个指标充分体现了企业偿还短期债务的能力。流动资产越多，短期债务越少，则流动比率的数值越大，企业的短期偿债能力就越强，这个指标要大于 1，否则表示现金流动性不佳。一般情况下，运营周期、流动资产中的应收账款数额和存货的周转速度是影响流动比率的主要因素。

（2）速动比率

速动比率相对于流动比率更加重要，更能充分体现企业的偿还短期债务的能力。其计算公式为：

$$速动比率=速动资产/流动负债=（流动资产-在制品-产成品-原材料）/流动负债$$

从这个公式中我们不仅可以清楚地看出，在流动资产中，还包括了一些变现速度较慢且随时有可能贬值的存货，因此将流动资产扣除存货再与流动负债对比，以衡量企业的短期偿债能力。一般低于 1 的速动比率通常被认为是短期偿债能力偏低。影响速动比率的可信性的重要原因之一是应收账款的变现能力，账面上的应收账款不一定都能变现，也不一定非常可靠。

（3）固定资产长期适配率

固定资产长期适配率的计算公式为：

固定资产长期适配率＝固定资产/长期负债所有者权益

这个指标原则上应该小于1，说明固定资产的购建应该使用还债压力较小的长期贷款和股东权益，这主要是因为固定资产建设周期长，如生产线建设周期为1年，且正在建设的资产不能变现。如果用短期贷款来购建固定资产，由于短期内不能实现产品销售而难以实现资金回笼，势必给企业造成还款的巨大压力。

（4）资产负债率

这是一个直接反映债权人提供的资本占全部资本比例的财务指标，该指标也常被称为负债经营比率。其公式为：

资产负债率＝负债总计/资产总计

资产负债比率越大，企业面临的财务风险就越大，获取利润的能力也就越强。如果企业资金严重不足，只能依靠欠债维持生产经营，这样就会导致资产负债率特别高，偿债风险就越大，企业就更应该特别关心这个指标。一般情况下，资产负债率在60%～70%，比较合理、稳健，当达到85%及以上时，应视为发出财务风险预警信号，应引起企业足够多的注意。

资产负债率指标不是一个绝对指标，它还需要根据企业本身的条件和市场情况进行判断。

4. 活动能力

活动能力是从企业流动资产、固定资产的管理能力方面对企业的生产经营业绩进行综合评价，主要包括4个指标，应收账款周转率、存货周转率、固定资产周转率和总资产周转率。

（1）应收账款周转率（周转次数）

应收账款周转率是在指定的报告期内应收账款的平均次数，该指标数值越高越好。其公式为：

应收账款周转率（周转次数）＝当期销售净额/当期平均应收账款

＝当期销售净额/[（期初应收账款−期末应收账款）/2]

应收账款周转率越高，说明其收回账款速度越快。反之，说明企业的日常营运资金过多地呆滞在应收账款上，影响正常企业资金周转及持续偿债能力。

周转率可以以年为单位计算，也可以以季、月、周计算。

（2）存货周转率

这个财务指标是反映存货周转速度快慢的衡量指标，它的计算公式为：

存货周转率＝当期销售成本/当期平均存货

＝当期销售成本/[（期初存货余额+期末存货余额）/2]

从指标本身看，一个企业销售成本越大，说明因为销售而转出的产品数量越多。销售利润率一定，赚的利润就越多。库存越小，周转率越大。

这个指标可以反映企业中采购、库存、生产、销售等各环节之间相互的衔接程度。衔接得越好，原材料就越适合生产的需要，没有过量的原料（最好是原材料零库存），产成品（商品）适合销售的需要，没有积压。

（3）固定资产周转率

固定资产周转率的计算公式为：

固定资产周转率＝当期销售净额/当期平均固定资产

＝当期销售净额/[（期初固定资产余额+期末固定资产余额）/2]

无论我们从事的是哪个行业，我们都需要计算固定资产周转率。这项指标的基本含义就是固定资产占用的资金参加了多少次生产经营业务周转，赚了多少次钱，这个指标常用以评价固定资产的利用效率，即产能是否充分发挥利用。以运输业为例：一辆货运汽车，价值 60 万元，年折旧 6 万元。跑一次北京至石家庄，收入 1.2 万元，净利润 1200 元。如果一年收入 120 万元，用平均固定资产（60+45）/2＝52.5 万元的设备（资金）收入了 120 万元，参加了 2 次多的周转。跑了 100 次北京至石家庄，净赚 12 万元。如果一年收入 60 万元，用 47.5 万元的资金收入了 60 万元，参加了 1 次多的周转。跑了 50 次北京至石家庄，净赚 6 万元。显然，后者资产的利用效率不高，赚的利润不多。因此，固定资产周转率越高，企业资金周转就越快，赚钱的速度就越来越快，赚的钱就越来越多。

（4）总资产周转率

总资产周转率这个指标主要用于衡量企业运用资产赚取利润的能力。它常常和反映盈利能力的指标一起使用，它能够反映资产的长期盈利能力，全面评价企业的盈利能力。其公式为：

总资产周转率＝当期销售收入/当期平均总资产

＝销售收入/[（期初资产总额+期末资产总额）/2]

该财务指标反映总资产在一定时期内的周转速度，周转速度越快，说明企业的销售能力就越强。企业可以采用薄利多销的经营手段，加速资产周转速度，带来利润绝对额的提高。

5. 生产力

生产力是一种用来衡量企业人力资源的产出能力的一个重要指标。通过计算公式如下：

人均利润＝报告期利润总额/报告期平均职工人数

＝报告期利润总额/[（期初在职职工人数+期末在职职工人数）/2]

人均利润这个指标是用来衡量企业人力投入与利润产出之间的相互关系。这个指标数值越大表示人均利润越好。

人均销售收入=报告期销售净额/报告期平均职工人数

=报告期销售净额/〔（期初职工人数+期末职工人数）/2〕

人均销售收入这个指标用来衡量人力投入数量与销售收入之间的相互关系。这个指标数值越大表示人均销售收入越好。

生产力指标目的就是为了说明：企业生产规模扩大，员工数量增加，一定要说明增加的这些员工生产是否有效率。

6. 经营业绩的综合评价

经营业绩的综合评价主要目的是为了与行业或特定的竞争对手进行较量，发现自己企业经营的差距及存在问题，以便在日后的生产经营和日常管理中加以改进。在沙盘模拟课程训练中，一般参加这种模拟培训的多个企业是同一个起点的行业，所需要进行的生产经营分析可以简单地理解为同行业中的对比分析，一般指导教师会发一个行业平均标准作为参考，以找到自己公司与行业的平均水平之间的差别。

计算出了企业的各项经营指标的比率后，各项单个的财务数据给我们留下的印象是散乱的，我们不能准确地判断一个企业整体的经营和管理在同行业中究竟处于一种怎样的位置。而通过使用 Excel 的图表分析可以清晰地显示出数据的各种特征，雷达图是沙盘课程专门用来进行多指标体系分析的专业图表。

雷达图一般情况下是由一组坐标轴和三个同心圆组合而成。每个坐标轴代表一个单独的分析指标。同心圆中最小的圆表示最差水平或是平均水平的 1/2；中间的圆表示标准水平或是平均水平；最大的圆表示最佳水平或是平均水平的 1.5 倍。其中中间的圆与外圆之间的区域称为标准区，如图 5-5 所示。在雷达图上，企业的各项生产经营指标比率分别作为坐标标在相应的坐标轴上，并用一条曲线连

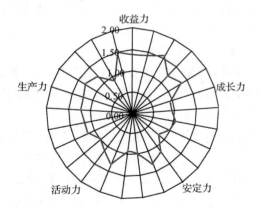

图 5-5 企业能力雷达图

接将各坐标轴上的各个节点连接起来。图中坐标 1 的值也被称为行业的平均值，如果某项技术分析指标位于平均线以内，说明这个技术分析指标存在着技术问题，有待进一步改进。而对于技术分析指标接近甚至低于最小圆的指标，则是比较危险的信号。应分析其出现的原因，抓紧时间改进。如果技术分析指标高于平均线，说明该企业相应方面具有优势。总之各种技术指标越接近外圆表示企业的经营业绩越好。

（三）成本结构变化分析

企业经营的本质就是为了获取更多的利润，获取利润的一个重要途径是扩大销售或降低成本费用。企业成本费用由直接人工、直接材料、制造费用等多项要素构成，了解各成本费用要素在总体成本中所占的比例，分析单一产品成本结构，从比例较高的那些成本费用支出项入手，是控制成本费用非常有效的一种措施。

在 ERP 沙盘模拟经营课程中，从销售收入中扣除直接成本、综合费用、折旧、利息后得到的税前利润。明确各项成本费用在销售收入中的比例，可以清晰地指明工作方向，其计算公式如下：

$$成本费用比例=成本费用/销售收入$$

如果将各成本费用比例相加，再与 1 相比，则可以看出总费用占销售收入比例的多少，如果超过 1，则说明支出大于收入，企业亏损，并可以直观地看出亏损的程度，成本费用比例常用条形图表示，如图 5-6 所示。

提示：

·经营费由经常性发生的费用组成，即扣除开发费用之外的全部经营性支出，公式如下：

$$经营费=设备维修费+场房租金转产费+其他费用$$

如果将企业各个年度的成本费用变化情况进行财务综合分析，就可以通过比例指标的变化透视企业的年度经营状况，经常费指标常用彩色的曲线图表示，如图 5-7 所示。

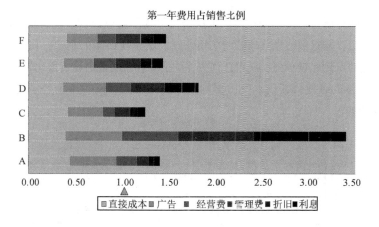

图 5-6 各企业第一年费用占销售收入比例

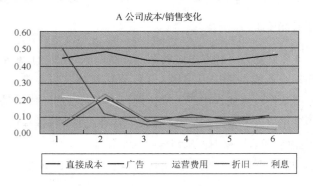

图 5-7　成本费用比例的变化

企业经营是持续性的生产活动，由于人力、财力、物料等资源的消耗和补充是缓慢进行的，因此单从某一时间点上很难判断一个企业经营管理的好坏。比如，广告费用占销售收入的比例，单以一个时点来评价，无法评价企业经营管理的好坏。但在一个时点上，可以将这个指标同其他同类企业来进行对比分析，评价自己的企业在同类企业中存在哪些差异，找出本企业的优势与劣势。在企业经营模拟过程中，很可能由于在某一时点出现了一个很小的经营或管理问题，而直接或间接地影响了企业未来几年的生产经营活动，正所谓"千里之堤，溃于蚁穴"，所以我们不能轻视生产经营活动中的每一个时点的指标状况。而如何通过每一时点的经营指标数据发现经营活动中存在的问题，才能引起我们足够的警惕呢？在这里，我们将给出一个非常重要的警示信号，这就是成本费用比例变化信号。从图 5-7 可以看出，第一年和第二年的各项成本费用比率指标都出现了较大幅度的变化，这说明企业在经营过程中遇到了比较大的问题，企业经营的整体环境正在发生变化，出现这个信号提醒企业经营管理者格外注意各种比例指标变化情况，及时调整经营战略和实施计划。图 5-7 所示的企业，在 3~6 年的经营中，各种费用的比例比较平稳，没有任何突变的情况，说明公司运营得比较正常。

图 5-8 所示的企业，其成本费用比例指标变化较大，说明这个公司历年的生产经营都是有问题的。

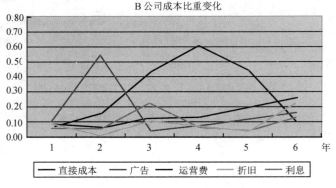

图 5-8　经营有问题的企业的成本比例变化

(四)产品盈利分析

虽然我们可以从利润表中清楚地看到企业生产经营的成果,但财务报表反映的损益情况是企业生产经营的综合情况,难以直接反映具体业务、特定合同、特定产品、特定服务等明细项目的盈利情况。盈利分析就是对一个企业销售的全部产品和服务收入分项进行盈利细化核算,其计算公式如下:

单个产品盈利=某产品销售收入-该产品直接成本-分摊给该产品的费用

这是一项非常重要的财务分析,它能够告诉一个企业经营者哪些产品和服务是赚钱的,哪些产品和服务是亏损的。

在这个计算公式中,单一产品分摊费用是指不能够直接认定到该产品(服务)上的间接费用,比如广告费、综合管理费、维修费、厂房租金、市场开拓费等,都不能直接认定到某一个产品(服务)上,需要在当年的所有研发的产品中进行比例分摊。分摊费用的方法有许多种,传统的方法有按企业销售收入比例、成本比例等进行分摊,这些传统的方法大多是一些不精确的方法,很难谈得上分摊合理。沙盘模拟课程中的费用分摊方法主要是按照产品数量进行的分摊,即:

某类产品分摊的费用=分摊费用/各类产品销售数量总和×某类产品销售的数量

按照这样的分配方法计算得出各类产品的分摊费用,再根据产品盈利分析公式,计算出各类产品对整个企业贡献的利润,再用利润率指标来表示对整个企业的利润贡献度,即:

某类产品的贡献利润/该类产品的销售收入=(某类产品的销售收入-直接成本-分摊给该类产品的分摊费用)/ 该类产品的销售收入

其结果以图 5-9 所示的产品贡献利润和图 5-10 所示的产品利润率所表示。

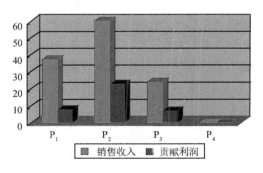

图 5-9 产品贡献利润

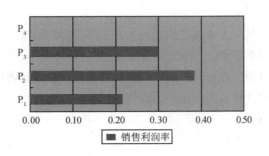

图 5-10　产品利润率

　　虽然这样分摊的方法有一定的偏差，但通过分析出来的结果完全可以说明哪些产品是赚钱的产品，值得企业大力推广和发展的，哪些产品是赚得少或亏损的。企业的经营者可以对这些产品进行更加详细的分析，以淘汰这些落后的产能，最终确定企业发展的方向。

(五) 杜邦分析——挖掘影响利润原因的工具

　　财务管理是一个企业日常经营管理的核心之一，而如何真正实现股东财富最大化或实现公司利润最大化是财务管理的核心目标。任何一个公司在市场上的生存与发展都取决于该公司能否创造令股东满意的利润。公司的所有成员都负有实现企业利润最大化的责任。为了向广大投资者(股东)透露经营成果和提高经营管理水平的需要，公司需要一套实用、有效的财务指标体系，以便据此评价和判断一个企业的经营绩效、经营风险、财务状况、盈利能力和经营成果。杜邦分析体系就是一种比较实用的财务比率分析指标体系，这种方法能全面分析一个企业的整体财务状况。这种财务分析方法最早由美国杜邦公司研究并使用，所以称为杜邦分析法。

　　杜邦分析法利用几种主要的财务比率之间的关系来综合地分析评价一个企业的财务状况，主要用来准确衡量公司盈利能力和股东权益回报水平。它的基本思想是将企业净资产收益率(ROE)逐级分解为总资产收益率、权益乘数等多项财务比率乘积，这样有助于我们更加深入系统地分析，从而比较一个企业整体经营业绩。

　　如图 5-11 所示，杜邦分析图解指标告诉我们，净资产收益率是杜邦分析的核心指标，这主要是因为一般情况下一个投资人投资某一特定企业，其根本目的都在于希望该企业能给他带来更多的利润和回报。所以，投资人最关心的是这个分析指标，同时，这个分析指标也是企业管理者制订各项财务决策的重要参考依据。通过杜邦分析，将影响这个指标的三个因素从幕后推向前台，使我们能够有机会亲眼见到他们的庐山真面目。所以在分析净资产收益率时，就应该从构成该指标的三个因素即权益乘数、总资产周转率、销售净利率来分析入手。

为了找出产生销售净利率及总资产周转率两种指标水平高低原因，可将其分解为财务报表分析的相关项目，从而进一步找到问题产生的原因。销售净利率及总资产周转率与财务报表相关项目之间的关系可从杜邦分析图中清晰地看到。有了这张分析图，可以直接发现是哪些项目影响了销售净利率，或者是哪个资产项目拖了资产周转率的后腿。

总资产收益率水平高低有很多种原因，我们可以通过类似的方法进行指标分解。该财务指标低的原因很大程度上是由于销售利润较低，也可能在很大程度上是总资产周转率指标较低。如果属于前一种情况，我们则需要在开源节流两个方面挖掘自己的潜力；倘若企业属于后一种情况，则需要大幅度地提高资产的利用效率，做好财务预算，减少资金闲置，加速资金周转。

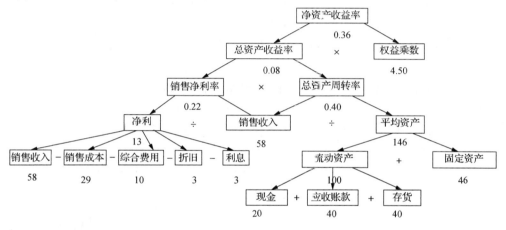

图 5-11 杜邦分析图解

权益乘数可以反映一个企业的负债能力。这个财务分析指标越高，说明企业资产总额中的绝大多数是通过企业负债形成，这样的企业将会在未来几年面临较高的财务风险。而这个财务分析指标低，说明企业的财务政策比较稳健，资产配置合理，较少负债，风险也小，但获得超额收益的机会可能就不会那么多。

杜邦分析既包括一些主要涉及企业获利能力方面的指标(净资产收益率、销售利润率)，又涉及营运能力方面的指标(总资产周转率)，同时还包括一些涉及举债能力指标(权益乘数)，可以这样说，杜邦分析法是一种三足鼎立的财务分析方法。

(六) 资金周转分析——筹集资金的依据

财务管理的目标主要是指筹资管理、流动性管理及风险控制管理，其目标如下：

· 确保满足企业预期生产经营规模的资金需求；

· 保持资产充分的流动性；

· 将信用风险、外汇风险及利率风险控制在一个可以接受的范围内；

・利用过剩的现金进行投资理财为企业盈利。

所有这些分析均与现金流量相关。现金流对企业来说至关重要。企业为了生存发展需要，必须获取足够多的现金以便支付采购、生产和服务的开销。正确地理解企业现金如何循环，不仅对 CEO 来说非常重要，对普通员工也一样。即使在非常小的公司里，如果公司想使其他资产占用的现金最小化，管理层不仅需要强化日常资金管理，同时也需要管理层与每个员工配合。图 5-12 的水箱图以工程师的语言表明了公司如何使用现金。现金循环就像水流过水箱系统，部分依靠自身的重力，部分则是依靠水泵。

从水箱图 5-12 中可以看出：

1. 现金从何处来

在公司经营初期，所有者向公司投入股本，银行也可以向公司提供贷款或透支额度。现金流入银行账户，所有的钱就在银行账户中，沙盘模拟企业的现金全部都在现金库，财务人员可随时清点并控制使用，现金不可能来源于其他地方。

2. 重力流

企业要花钱是很轻松的。现金从商业银行账户即从沙盘企业现金库中流出，就如同打开水龙头一样，流向固定资产和存货，如建设生产线和成果原材料。一些现金由于存货过期或浪费而造成损失。另外一小部分现金会在出售资产时收回。

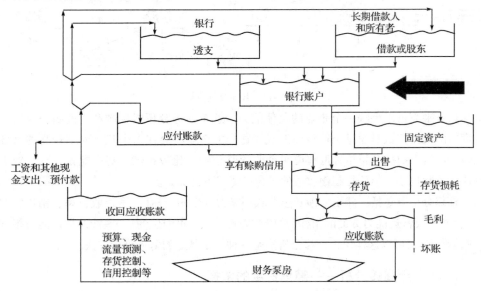

图 5-12　水箱图

也许在毫无意识和风险准备的情况下，现金已经被企业由于销售产生的赊销收入（应收账款）占用了。如果企业不能及时收回客户的应收账款，从而形成了坏账，造成资金回收困难，还有可能形成大量的坏账，这也会导致现金漏出。每一个"水箱"吸收多少现金取决于管理层如何经营好一家公司。

3. 毛利

销售成本是指企业花费在制造产品或提供服务方面的现金。销售成本加上毛利就得出资产负债表中的应收账款。毛利仅仅增加了应收账款，还没有增加公司的现金数额，也就是说并没有增加公司实际持有的现金。

4. 泵房收回现金

当现金流通过财务控制管理的泵房时，现金开始流回公司。泵房的主要驱动力来源于各种财务预算、现金流量预测、存货控制等。

5. 应收账款收回现金

现金流在收回应收账款水箱临时停留并暂时存在水箱。该水箱还特别强调：只有当公司应收账款真正收回时，销售收入才能及时地转换成现金。该水箱的现金将用于扩大再生产、各种费用支出和利息支出等。

6. 应付账款

如果你能够按照正常的流程和方式有条不紊地向供应商付款，那么所需要支付的应付账款将持续为存货提供融资。但如果这些来源于应收账款的现金一旦中断，那么这个水箱就会因为债权人撤销信用而很快枯竭，会造成企业资金短缺。

7. 银行账户

最后，银行账户水箱被补充，共有三个供应来源：

（1）留存收益；

（2）所有者的资本；

（3）银行透支或其他的贷款。

如果所有者和商业银行都具有很强的能力，并且愿意继续向公司提供额外的融资，商业银行和所有者水箱会定期地进行补充。这些额外融资主要用于满足公司的经营不善而使公司的利润率下降以及由于因通货膨胀造成的原材料价格上涨等，对于公司扩张的需求一般不予考虑。

8. 不正常的情况

某个水箱超额占用现金会影响到另外一个节点的现金供应。由于公司的现金来源和供应是有限的，某个水箱超额占用现金都会抽干其他水箱的现金，造成现金短缺，使企业部分业务无法继续经营。超额占用现金的原因很有可能是对现金使用控制不严格、支出决策控制不力、现金预算不合理或无法收回应收账款。

（七）资金使用效果分析——资金利用的优劣评判

现金循环与交易循环是密切相关的。在传统的制造企业中，交易循环起点是原材料购买，在经过生产制造和产品检验合格入库后，最后结束于产品的销售。现金循环则与之相对应，从付款购买原材料开始，到从客户手中收款后结束，完成一个现金交易循环。在零售企业中，交易循环始于购买用于再销售的商品，结束于商品销售，没有生产制造的过程。尽管一些零售商可以在销售商品后再支付购货款，但现金循环还是应从付款开始，到收取商品销售收入时结束，循环过程与制造业大体相似。在大多数的企业中，交易循环是从向外部供应商购买货物开始的，而现金循环则是从向供应商付款开始的。然而，依旧存在许多不是支付给供应商的付款，如支付给雇员的工资薪金，日常管理费用，包括支付的租金、利息、水电费、通信费、业务招待费、广告费等。在这些项目中，也存在着现金循环，因为在支付费用和取得销售收入之间会具有一定的时间间隔。

现金循环如图 5-13 所示。

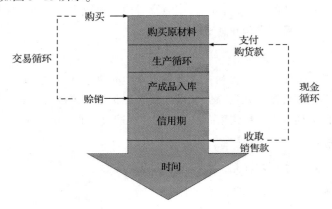

图 5-13　现金循环

现金管理中需要重点考虑的两个关键问题：一是尽可能快速取得现金收入并有效地大大缩短现金循环的周期；二是必须确保一个企业有足够的现金来偿还已经到期的财务支出款项并且妥善利用新收到的销售收入。

三、企业综合评价

在我们的日常生活中，人们往往习惯于用一个企业的财务指标去分析判断评价一个企业的业绩表现，但财务指标是一种滞后的分析指标，是一个已经发生的分析指标，无法准确地预测出企业的未来；而且还可能会导致高级管理层和其他管理人员严重短视，阻碍对未来发展的投资，可能会使一个企业逐渐丧失可持续发展的能力。

(一) 企业决胜

在 ERP 沙盘模拟经营课程中，企业评价如何接近一个企业的真实价值，并且能够直接反映一个企业未来的发展和成长性，这一点还需要集中体现在沙盘课程总成绩计算算法中。在综合考虑各方面因素的基础上，定义了一个企业决胜的算法：

$$总成绩 = 结束年所有者权益 \times (1 + 总分/100)$$

总分为以下各项之和：

（1）开发完成并形成销售的市场：区域——10 分、国内——15 分、亚洲——20 分、国际——25 分。

（2）研发完成并形成销售的产品：P2——5 分、P3——10 分、P4——15。

（3）目前拥有自主产权的厂房：大厂房——15 分、小厂房——10 分。

（4）目前拥有的生产线：手工：5 分/条、半自动——10 分/条、全自动/柔性——15 分/条。

（5）完成管理体系认证：ISO9000——10 分、ISO14000——15 分。

（6）取得市场龙头地位：15 分/年。

（7）信息化投资完成：自动报表——5 分、MRP&ATP——10 分、资金预算——15 分。

（二）平衡计分卡

传统的基于财务报表分析的业绩评价制度，大多数情况下离不开对财务指标的分析。虽然这个指标分析可以帮助我们认识企业的风险控制能力、获利能力、偿还债务能力、成长能力，但它们只能帮助我们发现问题而无法给我们提供解决问题的思路，只能做出经营业绩评价而难以改善企业的生产经营现状。在我国市场经济竞争环境下，各种各样不确定风险因素对企业前景有着众多影响，仅仅是对一些财务指标分析评价，现阶段已经难以满足一个企业经营管理需要。为了使企业能够更好地满足顾客、竞争和变化需要，对企业经营业绩的评价必须要打破传统的单一的财务指标分析，采用包括财务指标和非财务指标相结合的多元化指标体系。由此，引发了人们对整个企业综合业绩评价制度的强势需求。

综合业绩评价制度 BSC（the balanced scorecard 平衡计分卡），如图 5-14 所示，是 Kaplan 和 Norton 等学者从 1990 年开始使用的一项实地研究项目，目前已经在多个欧美国家企业、政府和军事机构等部门中广泛应用。平衡计分卡主要包括四个视角：财务、客户、业务流程以及学习与成长，通过这四个方面的协调及相互作用，能引导企业管理层对企业发展战略做出全方位的思考，确保企业日常生产业务运做与企业远景和经营战略保持一致。

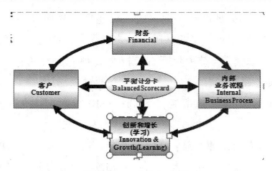

图 5-14　平衡记分卡

综合业绩评价体系将结果（如利润或现金流量）与原因（如顾客或管理层满意）联系在一起。财务是企业的最终目标，顾客需求是关键，企业内部各项业务流程是基础，企业学习与成长是核心。只有我们的企业学习与成长了，才能不断地改善企业内部生产经营和业务流程，更好地服务于企业的顾客，从而最终实现企业最终的财务目标。综合业绩评价指标的重要性就是将战略、过程和经营管理人员联系在一起，提供一种全新的、综合的计划与控制系统。它是一种将超越数字的动态评价与静态评价相结合的一种评价指标，将财务（货币）指标与非财务（非货币）指标相互作用进行整合的一种具有历史意义的创新型业绩评价，如图 5-15 沙盘企业平衡记分卡评价，这也是推动企业可持续发展的一种业绩评价制度。

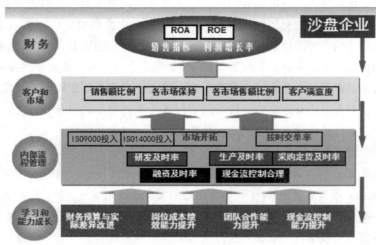

图 5-15　沙盘企业平衡记分卡评价

项目六
企业经营分析报告

经营分析报告是一个企业管理人员相对容易掌握的概念。除此之外，使用比较多的还有财务分析报告和近年来在国有资产管理部门、国有企业中流行的企业绩效评价报告等。本项目仅仅是用"企业经营分析报告"这一广义的概念，以企业经营成果分析、评价的书面形式来表达这样一种企业管理活动的事实。

一、企业经营分析报告概述

广义的企业经营绩效分析报告，是泛指充分地运用科学、规范的评价方法，对企业一定经营期间的固定资产、资金状况、财务效益等情况进行定量及定性的经营业绩分析，做出真实、客观、公正的综合评判的书面文件，它也是企业经营管理和企业经营活动评价的一个重要组成部分。企业经营分析报告一般都会提出、分析和尽可能地回答这样一些基本问题：一个企业在一定阶段和时期的整体经营活动取得了怎样的成果，成果的绝对水平和相对水平达到什么程度，取得成果的原因或存在问题的原因有哪些，如何加以改进分析评价体系，等等。

(一)经营分析报告的类型

经营分析报告按编写的时间来划分，可分为定期分析报告和非定期分析报告。传统的经营分析报告又可以分为月度、季度或年度报告。企业绩效评价报告一般以年度为单位，甚至会涉及一个更长的战略计划期，即在一个战略计划期内持续地进行。

经营分析报告按编写的内容可以划分为三种：综合性分析报告、专项分析报告和项目分析报告。综合性分析报告，一般情况下是将财务分析指标作为成果性评价指标，以达到对企业整体运营状况的成果和原因进行分析评价，这更加契合了企业经营分析报告的本意。专项分析报告，一般是对公司运营某一领域或业务流程的分析评价，例如财务分析报告、采购分析报告、运营成果分析报告等。这里的财务分析报告，往往都是以财务分析指标为中心，或者主要集中于财务风险、资本周转使用或现金流量等各个方面。项目分析报告，主要是针对某一新研发产品或促销活动项目的分析报告。

(二)经营分析报告的使用者和编制者

广义经营分析报告的报送和阅读对象，主要包括公司董事会、管理者、公司所有者或股东、政府管理部门、企业员工(例如平衡计分卡要求与员工的广泛沟通)、商业银行或债权人等。

狭义经营分析报告主要用于企业评价、分析和改进内部管理,报告的编制人员主要是企业的财务、营销、生产人员及管理人员、分公司或地区经理等。综合性分析报告涉及的知识面广、专业性较强,由财务人员和其他各种专业或技术人员组成的分析报告团队,可以说是一个最好的选择。而新兴的经济附加值法和平衡计分卡法,主持评价的专家组会成为报告编制的核心。

报告分析所涉及的对象或客体,可以是整个企业、企业下属的业务部门、分支机构或某项特别的业务活动等。

(三)经营分析报告编制的基本要求

首先,经营分析报告的主要内容与格式要能够充分适应评价方法的要求,也必须考虑经营分析报告使用者的要求。企业的各种评价方法一般情况下是由企业的所有者、高层管理者或政府管理部门决定的。经营分析报告是对企业经营管理活动,也就是对自身经营成果进行分析评价的一种书面语言描述。因此,不管是企业内部使用还是对外公开发布或逐级上报,分析报告的格式要固定统一,基本内容要反映和适应企业所选择或要求的分析评价方法。例如,一般的公司经营分析报告主要内容大多是强调综合性的财务分析报告,一般情况下采用杜邦财务分析模型,或者结合公司实际经营情况,增加适当的非财务指标,从而来解释公司在一定时期所取得的各项财务成果。所以当一个企业选择平衡计分卡评价方法时,报告的主要内容就要围绕财务、顾客、业务流程和学习与创新等来设计报告的基本结构。原则上讲,企业管理者在选择分析评价方法时,就已经表明了他们对企业管理信息的主要需求意图。

其次,要使用统一、规范的财务指标、经营指标和标准的财务计算方法等,以便于各个企业之间交流和比较。使用统一、规范指标,是我国上市公司的统一规范,也是狭义经营分析报告实现交流和横向比较的必要条件。

再次,在对分析评价指标和分析数据的选择上,既要客观地反映企业经营成果全貌,凸显重点,又要充分考虑数据的连续性和可比性和适用范围等。

最后,经营分析报告内容必须做到:结构严谨、格式统一、层次清晰;主题突出、问题准确;建议可靠、有说服力;语言流畅、语句通顺、简明扼要,避免口语化和使用自己创造的概念等。要运用适当的图表和流程图,往往能够让复杂的问题变得简单,使报告更加简明、易于阅读并且更加具有说服力。

二、企业经营分析报告的编制

本项目课程将简要说明狭义经营分析报告和企业绩效评价报告的编制方法。

（一）企业经营分析报告的编制

1. 企业经营分析报告的基本格式

狭义的经营分析报告，包括财务分析报告，由于广泛地用于企业内部控制和管理，因而没有统一规定的标准格式和体裁。但要求能充分反映企业经营成果、以点带面；抓住问题、分析透彻；提出建议，有理有据。报告应体现"总结过去，针对现在，面向未来"的思想，遵循"发现问题→分析问题→解决问题"的思路，分析报告至少应该包括以下几个组成部分：

（1）基本成果描述——背景介绍；

（2）横比纵比——发现或提出问题；

（3）财务与非财务指标的分析、分解——分析原因，揭示因果联系；

（4）提出发展或改进建议——解决问题，支持决策。

这样的结构具有逻辑性，能够让报告为一个企业管理层提供更好的决策支持。

2. 经营分析报告的结构要素

经营分析报告的结构要素包括以下几项：

（1）标题

经营分析报告标题应简明扼要，准确反映经营分析报告的主要内容。也可以通过主副标题的方式，在标题中将报告的分析时间（如第×月或××××年度等）和报告的分析对象、服务范围、分析结果予以明确，以方便报告文件的管理和报告使用者的阅读。

（2）报告摘要

经营分析报告摘要是对本期报告核心内容的高度浓缩，摘要力求简单明了。要让报告使用者通过对摘要的阅读，只用几分钟的时间，就对经营分析报告的基本内容有一个大概的了解。要使那些熟悉公司运营的高层管理者和各部门管理人员，看了报告摘要后就基本知道如何有选择地查阅报告；这样使不熟悉的用户可以根据他们的需要进行有选择的阅读。所以，报告摘要应当用最简明的方式和语言陈述下列问题：企业经营在一个生产经营周期取得的成绩到底是什么？有哪些新的重大成果、新变化或出现新问题？产生问题的主要原因何在？主要建议或改进措施有哪些？能取得怎样的预期效果？

（3）经营概况描述

经营概况描述主要针对一个企业在分析期内的整体经营状况和经营成果做简要阐述，对计划执行情况和各项经营指标的完成情况主要用标准的数据分析资料进行描述，以概括地反映企业经营的基本情况。其中所要涉及的主要分析指标，通常都是由我们所选择的评价方法、企业规章管理制度等来决定的。

（4）主要指标完成情况的分析与评价

一般情况下我们要通过对主要经营分析指标采用绝对数和相对数指标分析的方法，将实际指标与计划指标、本期与上一年同期指标进行对比分析。有时也可能需要与同一个行业历史最高水平以及与正在经营的同行业其他企业进行对比。通过对实际完成的异常指标值的发现、分析和评价，找出本企业的优势和不足，深入查找与分析数据异常背后的原因、存在的问题等，以便于及时提出具有针对性的改进建议。

（5）建议和措施

经营分析报告是一种具有指导意义的企业经营管理文件，改善经营管理也是其重要作用之一。经营分析报告应当充分利用对企业整体情况和经营大数据资料掌握的优势，针对公司内外环境的变化情况，包括已经取得的成果或存在的主要问题等，有针对性地为公司提出一些改革、发展的建议与解决对策等。

有人将一个企业财务（经营）分析报告的格式进行总结整理并归纳为"五段论"，即报告摘要段、描述段、分析段、评价段和建议段。实际上，经营分析报告的结构设计不是一成不变的，是可以灵活多变的。评价的方法和目的如果不相同，报告的格式也就会随之有较大差别。例如一份综合性分析报告和一份专项性分析报告，在其内容结构上就应当有所区别。但无论他们采用什么样的文本报告格式，撰写报告基本内容和基本要求是我们必须做到的，要保证各期分析报告前后格式的一致性。

3. 经营分析报告的主要内容

狭义经营分析报告的主要内容虽然还没有统一规定，但在实际工作中是有章可循的。例如，在报告内容和分析方法上，一般情况下采用的分析方法是杜邦分析系统的财务指标体系；经营分析报告则多数是杜邦分析的各种财务指标，再加上一些起补充作用的非财务指标。在日常财务分析工作中，一些企业为了进一步加强自己对下属单位的控制和管理，往往对财务分析报告或者经营分析报告的内容和格式有明确规定，一般会规定统一的格式让下属单位规范编写。例如一家企业对其所属的管理层和分支机构编制财务分析报告的内部规范，可作为本课程沙盘模拟企业编制财务分析报告或经营分析报告时的依据和参考。该公司明确要求财务分析报告的内容至少包括以下 5 个方面：

（1）主要经营指标完成情况

这部分是对公司各项经营成果的描述，包括实际完成财务指标、计划财务指标和非财务经营指标，与上期和上一年同期业绩的绝对数对比分析和相对数分析的增减比率等。

为了有效地规范经营分析报告内容和简化其分析工作的烦琐度，这一问题的解决往往是由企业统一制订标准化的表格，由财务人员每月、每季或每年按期填报，再添加一些简要文字说明即可。指标内容根据企业已经下达的财务规划，主要包括长期和短期财务分析指标，例如销售收入、销售成本、综合费用、销售净利润、销售毛利、资金周转率、速动比率等。其中投资收益率和权益收益率一般情况下按年计算。在财务上常用相对数和绝对数两个角度进行描述，并与上期和上一年同期数据进行对比。

（2）经营状况分析

① 企业的生产经营状况分析。将本期生产制造的产品数量、销售收入、销售利润等与上一年同期数据进行对比分析，并做出简单经营评价。

② 成本费用分析。包括将本期单位产品平均成本、销售收入、原材料消耗、综合费用（包括管理费用、财务费用、业务招待费、广告费等销售费用）与上一年同期数据对比，对变化较大的指标要仔细分析其变化的原因并做出解释说明，有可能时应该向企业提出一些提高效益和减少成本的具体方法和途径。

（3）财务指标分析

① 利润分析。利用杜邦分析等财务分析方法，分析公司利润增加或减少的原因，并寻求解决问题途径。包括：分析主要业务（产品）利润占全部利润比例，分析主要业务（产品）的市场吸引力和竞争实力，提出有利于开发和培育更多"明星"和"金牛"产品，减少"问题"和"瘦狗"产品的建议，通过优化产品组合，提升企业的利润和利润增长潜力。

② 资金筹集与运用状况分析。其中包括对应收账款、存货、原材料库存分析等。

应收账款分析，主要分析本期销售收入及现金流入比例，大额应收账款形成原因及坏账处理方法，实时进行应收账款账龄分析，尽快找出减少应收账款总额和缩短应收账款账龄的措施等。

库存分析，包括产品销售率分析、库存存货、原材料积压原因分析、库存积压产品处理情况（含处理的数量、金额及导致的损失）等。

③ 负债分析。通过负债比率、流动比率及速动比率等财务指标分析企业偿还债务的能力及财务风险的大小；通过各种财务分析方法分析本期负债增加的原因；分析负债成本产生的原因及对企业经营的压力，提出降低途径等。

（4）其他分析或说明

包括：对资产或负债（数额较大）项目的增减变动情况做出详细说明；对预提费用、待摊费用（数额较大）超过限额部分进行具体分析；分析对其他影响企业效益和财务状况（数额较大）项目和重大事件。

（5）建议与改进措施

在对上面所述的发现和分析问题的基础上，提出解决发现问题建议或改进对策。包括：就生产、采购、销售等经营活动提出改进建议和措施；就降低企业成本、提高经济效益提出具体建议，等等。

(二)成本控制部门的经营分析报告

成本控制部门是成本费用发生的部门,一般是指生产部门。由于该类部门的生产制造成果主要是在生产过程中转移或消耗,因此,该部门只能有效地控制成本,而不能有效地控制销售和利润。所以,分析评价部门成本控制,应在说明基本投入、产出情况的基础上,主要分析责任成本的增减额、升降率以及其他非财务指标等。责任成本增减额和升降率的计算公式为:

$$成本增减额 = 实际成本 - 预算或计划成本$$

$$成本升降率 = 成本增减额 / 预算或计划成本$$

使用上述指标进行分析和评价时,一是要从全部发生成本中将部门责任成本全部分离出来,只评价责任成本指标。责任成本是指由部门控制,也就是由该部门的负责人和员工的工作表现、决策能力和行动能力决定的。表6-1是某公司三个部门责任成本评价的基本数据。二是要用非财务指标,对成本控制部门的投入、产出和经营过程进行评价,例如合格率、废品率、交付率等。否则,评价责任成本就是毫无意义的。

表6-1 ××公司××部门责任成本增减及升降率

单位:元

项　　目	预　　算	实　　际	增减额	升降率(%)
A 部门	132 500	125 500	−7000	−5.28
B 部门	105 800	101 800	4 000	3.78
C 部门	78 000	77 200	−800	−1.03

注:表中负数为下降或减少,正数为上升或增加。

(三)利润控制部门的经营分析报告

利润控制部门是其所做的工作对销售收入、成本(费用)和利润均有影响的部门。由于利润是销售数量、价格、成本、费用等多种因素综合作用的结果,因此对该类部门的分析评价通常应该以具有明显效益性的利润指标为主。而工作表现、决策能力及行为能力决定的是最有效利润指标。包括毛利、毛利率、贡献毛益、营业利润等。

1. 毛利、毛利率

毛利是销售收入减去销售成本后的余额。该财务指标包含了企业或部门管理者所能控制的两项指标:销售收入和直接成本,毛利率是毛利占销售收入的比率,其公式是:

$$毛利率 = 毛利 / 销售收入$$

2. 部门贡献毛益

部门贡献毛益是毛利减去部门直接成本后的余额。

表 6-2 是某公司营销部门利润核算的一个例子。

表 6-2　××公司营销部利润核算表

单位：元

	营销部门
(1)销售收入(净额)	32 485 000
(2)直接成本	23 664 000
(3)毛利=(2)-(1)	8 821 000
(4)部门直接费用	4 940 300
(5)部门贡献毛益=(3)-(4)	3 880 700
(6)间接费用	2 446 100
(7)营业利润=(5)-(6)	1 434 600

注：部门直接费用包括部门人员工资、业务招待费、广告费用和其他销售费用等；间接费用是不能确认部门归属的共同费用的部门分摊部分。

在表 6-2 中，由于营销部门不可能控制的直接成本，所以直接成本不适合作为该部门的责任成本。相反，营销部门可控制直接费用，将直接费用作为营销部门责任成本比较合适。对于营销部门来说，部门直接费用的大小，代表着该部门整体的工作表现、决策能力和行为能力的质量与数量(以成本或费用支出量表示)；另一方面，部门直接费用又是直接影响其产出成果——销售收入和毛利大小的主要因素或变量。

因此，利润管理控制部门，主要是指财务部门，一般情况下会使用成本费用利润率或成本费用收益率指标来综合分析和评价广告费、业务招待费或其他销售费用等项目的投入产出效率，以便发现问题，寻求提高的办法与途径。成本费用利润率的计算公式为：

成本费用利润率=利润/成本费用合计

以评价广告支出效率为例，该公式经适当修改后为：

广告费用收入比率=销售收入/广告费支出合计

广告费用毛利率=毛利/广告费支出合计

3. 营业利润

营业利润是销售毛利减去企业应负担的管理费用、财务费用、销售费用等综合费用后的余额，或者是企业各部门毛利减去直接成本，再减去间接费用后的余额。间接费用是指那些由企业整体受益，不能直接归属于某一部门的费用，如水电费、销售人员工资等。间接费用的支出主要是由企业管理层控制，所以，营业利润更适宜用于企业或管理层的绩效评价。

三、年度模拟经营成果总结

每年沙盘企业经营结束后，指导教师要安排充足的时间，要求、引导各企业受训学生反思当年的模拟经营过程，针对各个环节、各人的意见建议的出发点，各职能部门经理和 CEO 的决策对企业经营效果的贡献以及存在的主要问题，以总结经验教训，指导以后年度的经营决策和策略的正确制定和实施。

（一）战略规划的总结

战略规划决定经营思路，决定出路，格局决定结局，企业必须制定一个适合自己的，能自主经营、与众不同的战略。

经营开始，CEO 组织大家根据企业掌握的市场情况，确定要解决的问题包括：想成为何种规模的企业？企业的战略目标和经营宗旨有哪些？（市场地位、生产目标、收入利润目标等），开研发哪种产品、如何开拓市场？产能有多大？建什么样的生产线？融资策略有哪些？融资时间选择？等等。

组织团队成员对一年的经营过程及结果教训分析，对制定好的正确战略，检讨执行过程中，哪些工作人员执行不力，CEO 要及时提醒警示，对积极性不高的员工，不参与、不合作的成员进行沟通和批评教育，激发这些员工的工作积极性和使命感，引导他们按战略规划执行。

分析经营过程中出现的利润不足或者亏损情况，找出造成这种情况的真正原因，CEO 要引导大家商讨并确定下一年的解决对策。如果是产品销售不足，分析是否是因为广告费投入少，订单不足造成的？如果是产品生产成本过高，要分析并找出解决产品成本过高的方案，如果是企业产品利润空间较少，就一定要考虑尽快调整产品生产结构。如果既不是产品问题，也不是市场问题，那么就是管理问题，企业管理团队就需要细化管理，内部整改。

在总结过程中，CEO 要全面引导，重点控制，听取各部门经理的意见，对有争议不统一的意见，CEO 有决定权，但一定要权衡之后做出决断，如果决断战略规划有误，要敢于承认错误并积极改进和调整，对六年的企业经营过程而言，每一年后的总结重点不一样，要根据的指导教师要求来完成，越往后越具体，而且越深入越全面。

（二）市场规划及运营总结

经过一年的企业生产经营，针对同行其他企业的情况、企业自身的经营过程和结果，反思最初的市场规划、市场开发计划和投资策略是否得当，有哪些成功的经验和失败的教训，广告投入是否合理，订单选取是否合理，市场开发速度、时机、新的目标市场选择是否正确，市场总监和其他职能部门如财务管理人员、生产人员、采购人员信息沟通是否通畅，有效协作是否符合要求。

广告费投入多少要根据市场实际情况来决定，下一年度的广告投入应该如何调整？销售订单选择是否存在问题？是否执行了制定好的市场投入策略，所选订单与广告投入的适合度，与企业其他部门沟通协作情况总结。

市场规划的关键是对自己企业了解市场信息、掌握随着时间的推移而产生的市场需求变化的趋势，及时对市场变化的可行性进行总结，市场上的订单代表需求，是否准确把握了市场，对市场的判断是否准确，投入开发和维护市场的费用是否高效，初始制定的市场营销战略是否得当，市场行情判断是否与实际一致，销售额是否受到市场开发的影响，是否需要进一步实时进行战略调整。

分析总结经验，找出企业经营过程中针对市场开发与维护的诀窍。找到能够战胜对手，获得市场先机的良策，为企业占有市场，以便实现更多的销售量。

(三) 生产线投资规划、产品研发总结

生产线代表一个企业的生产能力，在企业总体发展战略规划的大框架下，配合企业的市场开发战略，制定企业的生产规划，对厂房的购买、租用，对生产线的购买与使用都有一定的规划与策略。那么在生产经营过程中，对购买还是租用厂房，购买生产线的种类、数量，购买、租用的时机、数量是否合理有效，使用率如何，促进生产满足销售订单和未来经营的情况，为以后扩大市场，增加销售量打下基础。所以生产线的产能，是否能与生产规划相协调，营销总监要做出详尽的分析总结。

ERP 沙盘模拟经营课程产品研发为 P 系列产品研发，主要研发 P_2、P_3、P_4 三种产品，产品的研发费用是成倍增加的，复杂性也是递进式的，每种产品的生产资格获得需要进行研发，各类产品的研发周期都是五期，根据企业发展的战略规划、市场需求发展、企业经营的年限、产品的研发周期合理地安排研发产品的时机和种类，每年经营结束，对研发步骤和环节进行反思，总结哪些环节做得好，哪些做得有失误，从而在后面的生产过程中进行合理调整与改进，以使企业运营能够合理开展，合理布局生产。

(四) 采购管理总结

采购管理包括材料采购、物流运输、仓储管理等工作，好的采购计划管理可以节约物流成本、仓储管理费用，能够使资金合理化配置与运用，在不产生浪费的情况下，为企业创造更多的经济效益，反之则会导致物料采购过多，仓储过多或过少等会增加成本、产生浪费或者物料不足、停工待料的不良后果，影响企业正常生产。

因此，企业经营一年后，采购总监就需要对采购管理策略进行反思，看看是否存

在物料采购订单不及时或不准确问题，是否有物料采购类型失误？是否采购量适量，造成库存积压浪费现象？是否能准确理解物料采购规划？在材料采购管理中与生产人员、财务人员沟通是否到位？这些都需要在每年的经营之后进行深入的反思与分析总结，从而实现企业总的经营目标，同时也提高了对企业经营管理的认知，进而提高对整个企业进行管理的能力。

（五）财务管理总结

财务总监应该在本职工作范围内向 CEO 提出企业财务管理的战略与策略，做出财务预算和资金使用计划，并严格执行，每一年经营操作结束，对一年来的财务状况要做一个全面的分析与总结，贷款的类型、结构、数量和时机是否合理，从而保证企业融资的低成本，高时效。分析是否因为融资问题造成了生产总监因为经费不足不能及时购买厂房、生产线，是否导致采购总监因资金不足而导致采购原材料受限，因原材料不足，而导致停工待产，是否因现金预算导致新市场开发、广告费投入战略受限而使市场地位、销售额受到影响，是否因为预算不充分，而导致产品研发、质量体系认证出现困难。

同时，是否因为融资过多，导致现金余额太多而出现浪费，是否存在现金账务记录、管理不到位的现象？是否有付款乱中出错的现象？是否有把折旧费用从现金中提取的错误？是否有贷款管理失误、应收款管理失误的现象？是否有综合管理费多付或未付、少付的失误等。

对企业管理最重要和关键的环节——关账即年末会计核算和编制会计报表环节，是否出现诸如记录项目涂改多次，数字计算错误，核算项目，核算方法错误，会计报表编制错误，报表不平等。出现错误是如何纠正的？是否充分理解关键失误，经过任课教师讲解后，重新再做，看团队是否能真正地避免不再犯类似的低级错误。

对经过财务分析和总结获得的经验予以发扬保留，而对事实存在的问题要请教指导教师与小组讨论解决，不能遗留问题，不然会继续影响甚至严重导致后面年度无法经营，同时也只有这样才能真正地通过课程实训，提高参加培训的团队成员经营管理的知识水平，培养扎实的企业模拟经营能力，达到本课程实训的根本目的。

（六）ERP 六年经营成果总结

经过六年的 ERP 沙盘模拟经营实战，企业从最初转到各团队经营者手中时的状态变成最终六年后沙盘经营状态？由各组 CEO、财务总监共同核算，编制会计报表，进行经营分析，并结合本门课程的规则由指导教师进行综合评比，评出总分，定出名次，同时根据指导教师确定的排名结果进行比较，确定自己组在总体的经营成果中的排名情况，从而对总体经营结果进行深入比较。各组确认经营成果，对规则规定的能够积分的项目进行自我总结分析，对这些关键环节和步骤进行分析，初步总结出自己企业成功的经验和失败的教训。

　　根据最后成绩，立足自己企业所处的排名位置，与领先者比较，与落后者比较，与排名在自己前面的企业进行比较，结合他们各企业在每年的经营状况与结果对比自己企业的情况，从战略的制定与实施，到经营过程的具体做法，包括对市场行情的分析与掌握，市场策略的制定与实施，生产策略的制定与实施，财务策略的制定与实施，采购策略的实施等问题，找出优劣之处，看如何才能把企业经营得更好，向其他比本企业经营成绩优异的企业学习，取人之长，补己之短，通过课程实训总结经验，从而提高本企业全体参加培训同学的学习效果。

　　企业应对自己 6 年的经营过程进行对比与分析，详细分析战略实施的过程、环节与步骤，分析本企业在经营管理过程中，每年的生产经营存在的问题，新一年度为后一年度经营提供了怎样的基础？是不是在一些关键环节，比如市场行情分析、广告投资策略、市场开发策略、生产线的类型数量与企业发展战略和营销策略是否符合并相互促进等。

　　经过 CEO 组织的团队成员的全方位总结，团队归纳出整体成功的经验与教训，形成团队整体讨论一个企业的经营管理经验与教训，并形成各小组的讨论结果，撰写出企业经营实训总结，用于整个实训班级的经验交流，第一名和最后一名企业还要制作 PPT 总结成功的经验和失败的教训，以实现知识的深化与共享。

项目七
手工沙盘初始设置

一、沙盘结构介绍

物理沙盘结构图如图 7-1：

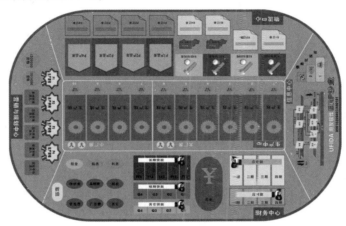

图 7-1

二、员工上岗

(一) 岗位设置图

如图 7-2 所示。

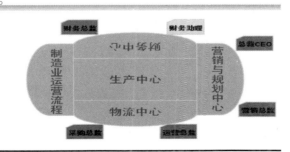

图 7-2

(二) 岗位职责

如图 7-3 所示。

总经理	财务主管	营销主管	生产主管	供应主管
●制定发展战略	●日常财务记账和登账	●市场调查分析	●产品研发管理	●编制采购计划
●竞争格局分析	●向税务部门报税	●市场进入策略	●管理体系认证	●供应商谈判
●经营指标确定	●提供财务报表	●品种发展策略	●固定资产投资	●签订采购合同
●业务策略制定	●日常现金管理	●广告宣传策略	●编制生产计划	●监控采购过程
●全面预算管理	●企业融资策略制定	●制定销售计划	●平衡生产能力	●到货验收
●管理团队协同	●成本费用控制	●争取订单与谈判	●生产车间管理	●仓储管理
●企业绩效分析	●资金调度与风险管理	●签订合同与过程控制	●产品质量保证	●采购支付决策
●业绩考评管理	●财务制度与风险管理	●按时发货应收款管理	●成品库存管理	●与财务部协调
●管理授权与总结	●财务分析与协助决策	●销售绩效分析	●产品外协管理	●与生产部协同

图 7-3　岗位职责图

三、模拟企业概况

本企业长期以来一直专注于某行业 P 产品的生产与经营，目前生产的 P1 产品在本地市场知名度很高，客户也很满意。同时企业拥有自己的厂房，生产设施齐备，状态良好。

最近，一家权威机构对该行业的发展前景进行了预测，认为 P 产品将会从目前的相对低水平发展为一个高技术产品。

为此，公司董事会及全体股东决定将企业交给一批优秀的新人去发展，其要求如下：

(1)投资新产品的开发，使公司的市场地位得到进一步提升。

(2)开发本地市场以外的其他新市场，进一步拓展市场领域。

(3)扩大生产规模，采用现代化生产手段，获取更多的利润。

四、初始状态设定

(一)原料、资金、产品、订单示意图如下:

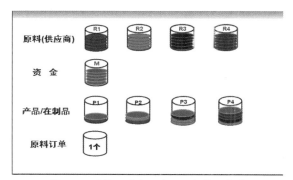

图 7-4　原料、资金、产品、订单示意图

(二)生产中心设置图

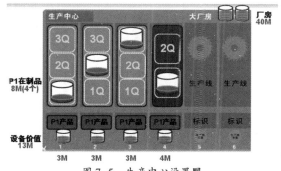

图 7-5　生产中心设置图

(三)物流中心设置图

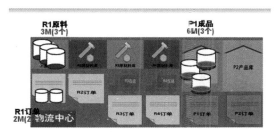

图 7-6　物流中心设置图

(四) 财务中心设置图

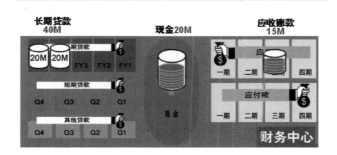

图 7-7　财务中心设置图

(五) 营销与规划中心设置图

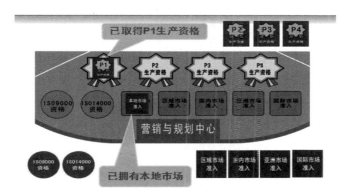

图 7-8　营销与规划中心设置图

五、沙盘运营规则

(一) 市场开发

市场	开发时间/年	开发总费用/M	平均每年开放费用/M
区域市场	1	1	1
国内市场	2	2	1
亚洲市场	3	3	1
国际市场	4	4	1

（二）产品研发

产品	P$_2$	P$_3$	P$_4$
研发时间	5Q	5Q	5Q
研发总投资	5M	10 M	15 M
平均每季研发投资	1M	2M	3M

（三）生产线购买、转产与维修、出售

生产线类型	购买价格	安装周期	生产周期	转产周期	转产费用	维修费	残值
手工生产线	5M	无	3Q	无	无	1M／年	1M
半自动生产线	8M	2Q	2Q	1Q	1M	1M／年	2M
全自动生产线	16M	4Q	1Q	1Q	4M	1M／年	4M
柔性生产线	24M	4Q	1Q	无	无	1M／年	6M

折旧＝生产线净值／4 取整

（四）厂房购买、出售与租赁

厂房	买价	租金	售价
大厂房	40M	5M／年	40M
小厂房	30M	3M／年	30M

（五）ISO 认证

ISO 认证体系	ISO9000 质量认证	ISO14000 环境认证
持续时间	2 年	3 年
认证总费用	2M	3M
平均每年认证费用	1M	1M

（六）企业的各项融资手段及财务费用

融资方式	规定贷款时间	最高限额	财务费用	还款约定
长期贷款	每年年末	上年所有者权益×2-已贷长期贷款	10%	年底付息，到期还本
短期贷款	每季度初	上年所有者权益×2-已贷短期贷款	5%	到期一次还本付息
高利贷	任何时间	与银行协商	20%	到期一次还本付息
应收贴现	任何时间	根据应收账款额度按 1∶6 比例	1／7	贴现时付息

（七）产品生产

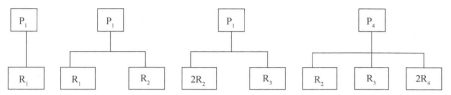

六、市场预测

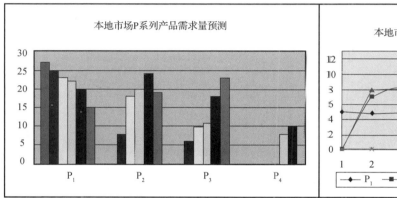

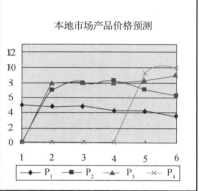

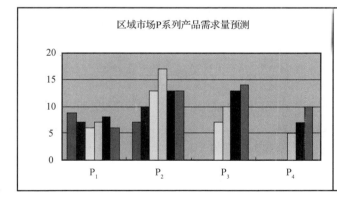

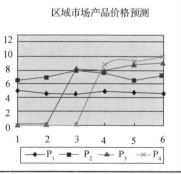

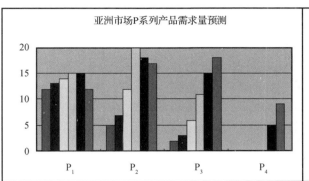

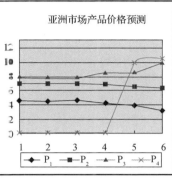

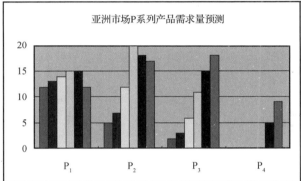

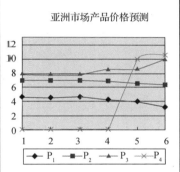

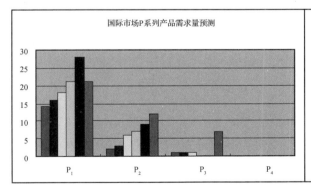

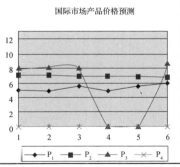

七、记分规则

1. 为保证沙盘模拟经营竞争的公平性，经营过程中将不允许使用追加股东投资，破产将退出比赛。

2. 经营过程中广告投放时间限定为 10 分钟，超时将失去广告投放机会；每年经营总时间限定为 80 分钟，每超时 1 分钟扣 10 分。

3. 经营结果以教师企业经营管理沙盘模拟软件计算结果为准。

各组得分＝权益×（1+总分/10）		
总分＝以下分数的总和：		
开发完毕形成销售的市场：	区域10分　国内15分　亚洲20分　国际25分	
完成ISO认证：	ISO 9000：10分　ISO 14000:15分	
目前拥有生产线：	手工5分/条　半自10分/条　全自动15分/条	
目前拥有自主产权的厂房：	A—15分　B—10分　C—5分	
研发完毕并形成销售的产品：	P2—5分　P3—10分　P4—15分	
市场排名：	20分/每个第一	
未借高利贷：	20分　未贴现　20分	

项目八
企业模拟经营记录表

总裁 CEO：

财务总监：

财务助理：

采购总监：

销售总监

生产运营总监：

团队其他成员：

表 8-1　起 始 年 模 拟 经 营

企业经营流程 请按顺序执行下列各项操作	每执行完一项操作，CEO 请在相应的方格内打钩，财务总监（助理）在方格中填写现金收支情况			
新年度规划会议				
参加订货会/登记销售订单				
制订新年度计划				
支付应付税				
季初现金盘点（请填余额）				
更新短期贷款/还本付息/申请短期贷款（高利贷）				
更新应付款/归还应付款				
原材料入库/更新原料订单				
下原料订单				
更新生产/完工入库				
投资新生产线/变卖生产线/生产线转产				
向其他企业购买原材料/出售原材料				
开始下一批生产				
更新应收款/应收款收现				
出售厂房				
向其他企业购买成品/出售成品				
按订单交货				
产品研发投资				
支付行政管理费				
其他现金收支情况登记				
支付利息/更新长期贷款/申请长期贷款				
支付设备维护费				
支付租金/购买厂房				
计提折旧				（　）
新市场开拓/ISO 资格认证投资				
结账				
现金收入合计				
现金支出合计				
期末现金对账（请填余额）				

表 8-2　订单登记表

订单号								合 计
市场								
产品								
数量								
账期								
销售额								
成本								
毛利								
未售								

表 8-3　产品核算统计表

	P_1	P_2	P_3	P_4	合 计
数量					
销售额					
成本					
毛利					

表 8-4　综合管理费用明细表

单位：百万元

项　目	金　额	备　　注
管理费		
广告费		
保养费		
租　金		
转产费		
市场准入开拓		□区域　　□国内　　□亚洲　　□国际
ISO 资格认证		□ISO9000　　　□ISO14000
产品研发		P_2(　　)　P_3(　　)　P_4(　　)
其　他		
合　计		

表 8-5　利　润　表

项　　目	上 年 数	本 年 数
销售收入	35	
直接成本	12	
毛利	23	
综合费用	11	
折旧前利润	12	
折旧	4	
支付利息前利润	8	
财务收入/支出	4	
其他收入/支出		
税前利润	4	
所得税	1	
净利润	3	

表 8-6　资产负债表

资　　产	期初数	期末数	负债和所有者权益	期初数	期末数
流动资产：			负债：		
现金	20		长期负债	40	
应收款	15		短期负债		
在制品	8		应付账款		
成品	6		应交税金	1	
原料	3		一年内到期的长期负债		
流动资产合计	52		负债合计	41	
固定资产：			所有者权益：		
土地和建筑	40		股东资本	50	
机器与设备	13		利润留存	11	
在建工程			年度净利	3	
固定资产合计	53		所有者权益合计	64	
资产总计	105		负债和所有者权益总计	105	

表 8-7　第 一 年 模 拟 经 营

企业经营流程 请按顺序执行下列各项操作	每执行完一项操作　CEO 请在相应的方格内打钩， 财务总监(助理)在方格中填写现金收支情况			
新年度规划会议				
参加订货会/登记销售订单				
制订新年度计划				
支付应付税				
季初现金盘点(请填余额)				
更新短期贷款/还本付息/申请短期贷款(高利贷)				
更新应付款/归还应付款				
原材料入库/更新原料订单				
下原料订单				
更新生产/完工入库				
投资新生产线/变卖生产线/生产线转产				
向其他企业购买原材料/出售原材料				
开始下一批生产				
更新应收款/应收款收现				
出售厂房				
向其他企业购买成品/出售成品				
按订单交货				
产品研发投资				
支付行政管理费				
其他现金收支情况登记				
支付利息/更新长期贷款/申请长期贷款				
支付设备维护费				
支付租金/购买厂房				
计提折旧				( )
新市场开拓/ISO 资格认证投资				
结账				
现金收入合计				
现金支出合计				
期末现金对账(请填余额)				

表 8-8　现金预算表

	1	2	3	4
期初库存现金				
支付上年应交税				
市场广告投入				
贴现费用				
利息(短期贷款)				
支付到期短期贷款				
原料采购支付现金				
转产费用				
生产线投资				
工人工资				
产品研发投资				
收到现金前的所有支出				
应收款到期				
支付管理费用				
利息(长期贷款)				
支付到期长期贷款				
设备维护费用				
租金				
购买新建筑				
市场开拓投资				
ISO 认证投资				
其他				
库存现金余额				

要点记录

第一季度：_____

第二季度：_____

第三季度：_____

第四季度：_____

年底小结：_____

_____

表 8-9 订单登记表

订单号									合计
市场									
产品									
数量									
账期									
销售额									
成本									
毛利									
未售									

表 8-10 产品核算统计表

	P_1	P_2	P_3	P_4	合计
数量					
销售额					
成本					
毛利					

表 8-11 综合管理费用明细表

单位：百万元

项 目	金 额	备 注
管理费		
广告费		
保养费		
租 金		
转产费		
市场准入开拓		□区域　□国内　□亚洲　□国际
ISO 资格认证		□ISO9000　　□ISO14000
产品研发		P_2(　)　P_3(　)　P_4(　)
其 他		
合 计		

表 8-12　利　润　表

项　　　目	上　年　数	本　年　数
销售收入		
直接成本		
毛利		
综合费用		
折旧前利润		
折旧		
支付利息前利润		
财务收入/支出		
其他收入/支出		
税前利润		
所得税		
净利润		

表 8-13　资产负债表

资　　　产	期初数	期末数	负债和所有者权益	期初数	期末数
流动资产：			负债：		
现金			长期负债		
应收款			短期负债		
在制品			应付账款		
成品			应交税金		
原料			一年内到期的长期负债		
流动资产合计			负债合计		
固定资产：			所有者权益：		
土地和建筑			股东资本		
机器与设备			利润留存		
在建工程			年度净利		
固定资产合计			所有者权益合计		
资产总计			负债和所有者权益总计		

表 8-14　第 二 年 模 拟 经 营

企业经营流程 请按顺序执行下列各项操作	每执行完一项操作，CEO 请在相应的方格内打钩， 财务总监(助理)在方格中填写现金收支情况			
新年度规划会议				
参加订货会/登记销售订单				
制订新年度计划				
支付应付税				
季初现金盘点(请填余额)				
更新短期贷款/还本付息/申请短期贷款(高利贷)				
更新应付款/归还应付款				
原材料入库/更新原料订单				
下原料订单				
更新生产/完工入库				
投资新生产线/变卖生产线/生产线转产				
向其他企业购买原材料/出售原材料				
开始下一批生产				
更新应收款/应收款收现				
出售厂房				
向其他企业购买成品/出售成品				
按订单交货				
产品研发投资				
支付行政管理费				
其他现金收支情况登记				
支付利息/更新长期贷款/申请长期贷款				
支付设备维护费				
支付租金/购买厂房				
计提折旧				( )
新市场开拓/ISO 资格认证投资				
结账				
现金收入合计				
现金支出合计				
期末现金对账(请填余额)				

表 8-15　现金预算表

	1	2	3	4
期初库存现金				
支付上年应交税				
市场广告投入				
贴现费用				
利息(短期贷款)				
支付到期短期贷款				
原料采购支付现金				
转产费用				
生产线投资				
工人工资				
产品研发投资				
收到现金前的所有支出				
应收款到期				
支付管理费用				
利息(长期贷款)				
支付到期长期贷款				
设备维护费用				
租金				
购买新建筑				
市场开拓投资				
ISO 认证投资				
其他				
库存现金余额				

要点记录

第一季度：_____

第二季度：_____

第三季度：_____

第四季度：_____

年底小结：_____

表 8-16　订单登记表

订单号										合计
市场										
产品										
数量										
账期										
销售额										
成本										
毛利										
未售										

表 8-16　产品核算统计表

	P_1	P_2	P_3	P_4	合计
数量					
销售额					
成本					
毛利					

表 8-18　综合管理费用明细表

单位：百万元

项　目	金　额	备　注
管理费		
广告费		
保养费		
租　金		
转产费		
市场准入开拓		□区域　　□国内　　□亚洲　　□国际
ISO 资格认证		□ISO9000　　　□ISO14000
产品研发		P_2(　　)　P_3(　　)　P_4(　　)
其　他		
合　计		

表 8-19　利　润　表

项　　目	上　年　数	本　年　数
销售收入		
直接成本		
毛利		
综合费用		
折旧前利润		
折旧		
支付利息前利润		
财务收入/支出		
其他收入/支出		
税前利润		
所得税		
净利润		

表 8-20　资产负债表

资　　产	期初数	期末数	负债和所有者权益	期初数	期末数
流动资产：			负债：		
现金			长期负债		
应收款			短期负债		
在制品			应付账款		
成品			应交税金		
原料			一年内到期的长期负债		
流动资产合计			负债合计		
固定资产：			所有者权益：		
土地和建筑			股东资本		
机器与设备			利润留存		
在建工程			年度净利		
固定资产合计			所有者权益合计		
资产总计			负债和所有者权益总计		

表 8-21 第 三 年 模 拟 经 营

企业经营流程 请按顺序执行下列各项操作	每执行完一项操作，CEO 请在相应的方格内打钩， 财务总监(助理)在方格中填写现金收支情况			
新年度规划会议				
参加订货会/登记销售订单				
制订新年度计划				
支付应付税				
季初现金盘点(请填余额)				
更新短期贷款/还本付息/申请短期贷款(高利贷)				
更新应付款/归还应付款				
原材料入库/更新原料订单				
下原料订单				
更新生产/完工入库				
投资新生产线/变卖生产线/生产线转产				
向其他企业购买原材料/出售原材料				
开始下一批生产				
更新应收款/应收款收现				
出售厂房				
向其他企业购买成品/出售成品				
按订单交货				
产品研发投资				
支付行政管理费				
其他现金收支情况登记				
支付利息/更新长期贷款/申请长期贷款				
支付设备维护费				
支付租金/购买厂房				
计提折旧				( )
新市场开拓/ISO 资格认证投资				
结账				
现金收入合计				
现金支出合计				
期末现金对账(请填余额)				

表 8-22　现金预算表

	1	2	3	4
期初库存现金				
支付上年应交税				
市场广告投入				
贴现费用				
利息（短期贷款）				
支付到期短期贷款				
原料采购支付现金				
转产费用				
生产线投资				
工人工资				
产品研发投资				
收到现金前的所有支出				
应收款到期				
支付管理费用				
利息（长期贷款）				
支付到期长期贷款				
设备维护费用				
租金				
购买新建筑				
市场开拓投资				
ISO 认证投资				
其他				
库存现金余额				

要点记录

第一季度：_____

第二季度：_____

第三季度：_____

第四季度：_____

年底小结：_____

表 8-23　订单登记表

订单号									合计
市场									
产品									
数量									
账期									
销售额									
成本									
毛利									
未售									

表 8-24　产品核算统计表

	P_1	P_2	P_3	P_4	合计
数量					
销售额					
成本					
毛利					

表 8-25　综合管理费用明细表

单位：百万元

项　目	金　额	备　注
管理费		
广告费		
保养费		
租　金		
转产费		
市场准入开拓		□区域　□国内　□亚洲　□国际
ISO 资格认证		□ISO9000　　□ISO14000
产品研发		P_2(　　)　P_3(　　)　P_4(　　)
其　他		
合　计		

表 8-26　利　润　表

项　　目	上 年 数	本 年 数
销售收入		
直接成本		
毛利		
综合费用		
折旧前利润		
折旧		
支付利息前利润		
财务收入／支出		
其他收入／支出		
税前利润		
所得税		
净利润		

表 8-27　资产负债表

资　　产	期初数	期末数	负债和所有者权益	期初数	期末数
流动资产：			负债：		
现金			长期负债		
应收款			短期负债		
在制品			应付账款		
成品			应交税金		
原料			一年内到期的长期负债		
流动资产合计			负债合计		
固定资产：			所有者权益：		
土地和建筑			股东资本		
机器与设备			利润留存		
在建工程			年度净利		
固定资产合计			所有者权益合计		
资产总计			负债和所有者权益总计		

表 8--28 第 四 年 模 拟 经 营

企业经营流程 请按顺序执行下列各项操作	每执行完一项操作，CEO 请在相应的方格内打钩， 财务总监(助理)在方格中填写现金收支情况			
新年度规划会议				
参加订货会/登记销售订单				
制订新年度计划				
支付应付税				
季初现金盘点(请填余额)				
更新短期贷款/还本付息/申请短期贷款(高利贷)				
更新应付款/归还应付款				
原材料入库/更新原料订单				
下原料订单				
更新生产/完工入库				
投资新生产线/变卖生产线/生产线转产				
向其他企业购买原材料/出售原材料				
开始下一批生产				
更新应收款/应收款收现				
出售厂房				
向其他企业购买成品/出售成品				
按订单交货				
产品研发投资				
支付行政管理费				
其他现金收支情况登记				
支付利息/更新长期贷款/申请长期贷款				
支付设备维护费				
支付租金/购买厂房				
计提折旧				( )
新市场开拓/ISO 资格认证投资				
结账				
现金收入合计				
现金支出合计				
期末现金对账(请填余额)				

表 8-29 现金预算表

	1	2	3	4
期初库存现金				
支付上年应交税				
市场广告投入				
贴现费用				
利息(短期贷款)				
支付到期短期贷款				
原料采购支付现金				
转产费用				
生产线投资				
工人工资				
产品研发投资				
收到现金前的所有支出				
应收款到期				
支付管理费用				
利息(长期贷款)				
支付到期长期贷款				
设备维护费用				
租金				
购买新建筑				
市场开拓投资				
ISO 认证投资				
其他				
库存现金余额				

要点记录

第一季度：＿＿＿＿＿＿＿＿＿＿＿＿＿＿＿＿＿＿＿＿＿＿＿＿＿＿＿＿

第二季度：＿＿＿＿＿＿＿＿＿＿＿＿＿＿＿＿＿＿＿＿＿＿＿＿＿＿＿＿

第三季度：＿＿＿＿＿＿＿＿＿＿＿＿＿＿＿＿＿＿＿＿＿＿＿＿＿＿＿＿

第四季度：＿＿＿＿＿＿＿＿＿＿＿＿＿＿＿＿＿＿＿＿＿＿＿＿＿＿＿＿

年底小结：＿＿＿＿＿＿＿＿＿＿＿＿＿＿＿＿＿＿＿＿＿＿＿＿＿＿＿＿

表 8-30　订单登记表

订单号								合 计
市 场								
产 品								
数 量								
账 期								
销售额								
成 本								
毛 利								
未 售								

表 8-31　产品核算统计录

	P_1	P_2	P_3	P_4	合 计
数 量					
销售额					
成 本					
毛 利					

表 8-32　综合管理费用明细表

单位：百万元

项　目	金　额	备　注
管理费		
广告费		
保养费		
租　金		
转产费		
市场准入开拓		□区域　□国内　□亚洲　□国际
ISO 资格认证		□ISO9000　　□ISO14000
产品研发		P_2(　)　P_3(　)　P_4(　)
其　他		
合　计		

表 8-33 利 润 表

项 目	上 年 数	本 年 数
销售收入		
直接成本		
毛利		
综合费用		
折旧前利润		
折旧		
支付利息前利润		
财务收入/支出		
其他收入/支出		
税前利润		
所得税		
净利润		

表 8-34 资产负债表

资 产	期初数	期末数	负债和所有者权益	期初数	期末数
流动资产：			负债：		
现金			长期负债		
应收款			短期负债		
在制品			应付账款		
成品			应交税金		
原料			一年内到期的长期负债		
流动资产合计			负债合计		
固定资产：			所有者权益：		
土地和建筑			股东资本		
机器与设备			利润留存		
在建工程			年度净利		
固定资产合计			所有者权益合计		
资产总计			负债和所有者权益总计		

表 8-35　第 五 年 模 拟 经 营

企业经营流程 请按顺序执行下列各项操作	每执行完一项操作，CEO 请在相应的方格内打钩， 财务总监(助理)在方格中填写现金收支情况			
新年度规划会议				
参加订货会/登记销售订单				
制订新年度计划				
支付应付税				
季初现金盘点(请填余额)				
更新短期贷款/还本付息/申请短期贷款(高利贷)				
更新应付款/归还应付款				
原材料入库/更新原料订单				
下原料订单				
更新生产/完工入库				
投资新生产线/变卖生产线/生产线转产				
向其他企业购买原材料/出售原材料				
开始下一批生产				
更新应收款/应收款收现				
出售厂房				
向其他企业购买成品/出售成品				
按订单交货				
产品研发投资				
支付行政管理费				
其他现金收支情况登记				
支付利息/更新长期贷款/申请长期贷款				
支付设备维护费				
支付租金/购买厂房				
计提折旧				( )
新市场开拓/ISO 资格认证投资				
结账				
现金收入合计				
现金支出合计				
期末现金对账(请填余额)				

表 8-36 现金预算表

	1	2	3	4
期初库存现金				
支付上年应交税				
市场广告投入				
贴现费用				
利息(短期贷款)				
支付到期短期贷款				
原料采购支付现金				
转产费用				
生产线投资				
工人工资				
产品研发投资				
收到现金前的所有支出				
应收款到期				
支付管理费用				
利息(长期贷款)				
支付到期长期贷款				
设备维护费用				
租金				
购买新建筑				
市场开拓投资				
ISO 认证投资				
其他				
库存现金余额				

要点记录

第一季度：_____

第二季度：_____

第三季度：_____

第四季度：_____

年底小结：_____

_____

表 8-37　订单登记表

订单号									合计
市场									
产品									
数量									
账期									
销售额									
成本									
毛利									
未售									

表 8-38　产品核算统计表

	P_1	P_2	P_3	P_4	合计
数量					
销售额					
成本					
毛利					

表 8-39　综合管理费用明细表

单位：百万元

项　目	金　额	备　注
管理费		
广告费		
保养费		
租　金		
转产费		
市场准入开拓		□区域　□国内　□亚洲　□国际
ISO 资格认证		□ISO9000　□ISO14000
产品研发		P_2(　　)　P_3(　　)　P_4(　　)
其　他		
合　计		

表 8-40　利　润　表

项　　目	上　年　数	本　年　数
销售收入		
直接成本		
毛利		
综合费用		
折旧前利润		
折旧		
支付利息前利润		
财务收入/支出		
其他收入/支出		
税前利润		
所得税		
净利润		

表 8-41　资产负债表

资　　产	期初数	期末数	负债和所有者权益	期初数	期末数
流动资产：			负债：		
现金			长期负债		
应收款			短期负债		
在制品			应付账款		
成品			应交税金		
原料			一年内到期的长期负债		
流动资产合计			负债合计		
固定资产：			所有者权益：		
土地和建筑			股东资本		
机器与设备			利润留存		
在建工程			年度净利		
固定资产合计			所有者权益合计		
资产总计			负债和所有者权益总计		

表 8-42　第 六 年 模 拟 经 营

企业经营流程 请按顺序执行下列各项操作	每执行完一项操作，CEO 请在相应的方格内打钩， 财务总监(助理)在方格中填写现金收支情况			
新年度规划会议				
参加订货会/登记销售订单				
制订新年度计划				
支付应付税				
季初现金盘点(请填余额)				
更新短期贷款/还本付息/申请短期贷款(高利贷)				
更新应付款/归还应付款				
原材料入库/更新原料订单				
下原料订单				
更新生产/完工入库				
投资新生产线/变卖生产线/生产线转产				
向其他企业购买原材料/出售原材料				
开始下一批生产				
更新应收款/应收款收现				
出售厂房				
向其他企业购买成品/出售成品				
按订单交货				
产品研发投资				
支付行政管理费				
其他现金收支情况登记				
支付利息/更新长期贷款/申请长期贷款				
支付设备维护费				
支付租金/购买厂房				
计提折旧				( )
新市场开拓/ISO 资格认证投资				
结账				
现金收入合计				
现金支出合计				
期末现金对账(请填余额)				

表 8-43 现金预算表

	1	2	3	4
期初库存现金				
支付上年应交税				
市场广告投入				
贴现费用				
利息(短期贷款)				
支付到期短期贷款				
原料采购支付现金				
转产费用				
生产线投资				
工人工资				
产品研发投资				
收到现金前的所有支出				
应收款到期				
支付管理费用				
利息(长期贷款)				
支付到期长期贷款				
设备维护费用				
租金				
购买新建筑				
市场开拓投资				
ISO 认证投资				
其他				
库存现金余额				

要点记录

第一季度：_____

第二季度：_____

第三季度：_____

第四季度：_____

年底小结：_____

表 8-44 订单登记表

订单号									合计
市场									
产品									
数量									
账期									
销售额									
成本									
毛利									
未售									

表 8-45 产品核算统计表

	P_1	P_2	P_3	P_4	合计
数量					
销售额					
成本					
毛利					

表 8-46 综合管理费用明细表

单位：百万元

项　目	金　额	备　　注
管理费		
广告费		
保养费		
租　金		
转产费		
市场准入开拓		□区域　□国内　□亚洲　□国际
ISO 资格认证		□ISO9000　　□ISO14000
产品研发		P_2(　)　P_3(　)　P_4(　)
其　他		
合　计		

表 8-47 利 润 表

项　　目	上 年 数	本 年 数
销售收入		
直接成本		
毛利		
综合费用		
折旧前利润		
折旧		
支付利息前利润		
财务收入/支出		
其他收入/支出		
税前利润		
所得税		
净利润		

表 8-48 资产负债表

资　　产	期初数	期末数	负债和所有者权益	期初数	期末数
流动资产:			负债:		
现金			长期负债		
应收款			短期负债		
在制品			应付账款		
成品			应交税金		
原料			一年内到期的长期负债		
流动资产合计			负债合计		
固定资产:			所有者权益:		
土地和建筑			股东资本		
机器与设备			利润留存		
在建工程			年度净利		
固定资产合计			所有者权益合计		
资产总计			负债和所有者权益总计		

本地

产品	第1年本地 广告	9K	14K	A	第2年本地 广告	9K	14K	A	第3年本地 广告	9K	14K	A	第4年本地 广告	9K	14K	A	第5年本地 广告	9K	14K	A	第6年本地 广告	9K	14K	A	第7年本地 广告	9K	14K	A	第8年本地 广告	9K	14K	A
P_1																																
P_2																																
P_3																																
P_4																																

区域

产品	第1年区域 广告	9K	14K	A	第2年区域 广告	9K	14K	A	第3年区域 广告	9K	14K	A	第4年区域 广告	9K	14K	A	第5年区域 广告	9K	14K	A	第6年区域 广告	9K	14K	A	第7年区域 广告	9K	14K	A	第8年区域 广告	9K	14K	A
P_1																																
P_2																																
P_3																																
P_4																																

国内

产品	第1年国内 广告	9K	14K	A	第2年国内 广告	9K	14K	A	第3年国内 广告	9K	14K	A	第4年国内 广告	9K	14K	A	第5年国内 广告	9K	14K	A	第6年国内 广告	9K	14K	A	第7年国内 广告	9K	14K	A	第8年国内 广告	9K	14K	A
P_1																																
P_2																																
P_3																																
P_4																																

亚洲

产品	第1年亚洲 广告	9K	14K	A	第2年亚洲 广告	9K	14K	A	第3年亚洲 广告	9K	14K	A	第4年亚洲 广告	9K	14K	A	第5年亚洲 广告	9K	14K	A	第6年亚洲 广告	9K	14K	A	第7年亚洲 广告	9K	14K	A	第8年亚洲 广告	9K	14K	A
P_1																																
P_2																																
P_3																																
P_4																																

国际

产品	第1年国际 广告	9K	14K	A	第2年国际 广告	9K	14K	A	第3年国际 广告	9K	14K	A	第4年国际 广告	9K	14K	A	第5年国际 广告	9K	14K	A	第6年国际 广告	9K	14K	A	第7年国际 广告	9K	14K	A	第8年国际 广告	9K	14K	A
P_1																																
P_2																																
P_3																																
P_4																																

本地：第 1 年本地 | 第 2 年本地 | 第 3 年本地 | 第 4 年本地 | 第 5 年本地 | 第 6 年本地 | 第 7 年本地 | 第 8 年本地（B，产品 广告 9K 14K，P_1 P_2 P_3 P_4）

区域：第 1 年区域 | 第 2 年区域 | 第 3 年区域 | 第 4 年区域 | 第 5 年区域 | 第 6 年区域 | 第 7 年区域 | 第 8 年区域（B，产品 广告 9K 14K，P_1 P_2 P_3 P_4）

国内：第 1 年国内 | 第 2 年国内 | 第 3 年国内 | 第 4 年国内 | 第 5 年国内 | 第 6 年国内 | 第 7 年国内 | 第 8 年国内（B，产品 广告 9K 14K，P_1 P_2 P_3 P_4）

亚洲：第 1 年亚洲 | 第 2 年亚洲 | 第 3 年亚洲 | 第 4 年亚洲 | 第 5 年亚洲 | 第 6 年亚洲 | 第 7 年亚洲 | 第 8 年亚洲（B，产品 广告 9K 14K，P_1 P_2 P_3 P_4）

国际：第 1 年国际 | 第 2 年国际 | 第 3 年国际 | 第 4 年国际 | 第 5 年国际 | 第 6 年国际 | 第 7 年国际 | 第 8 年国际（B，产品 广告 9K 14K，P_1 P_2 P_3 P_4）

C

第 1 年本地			
产品	广告	9K	14K
P_1			
P_2			
P_3			
P_4			

第 1 年区域			
产品	广告	9K	14K
P_1			
P_2			
P_3			
P_4			

第 1 年国内			
产品	广告	9K	14K
P_1			
P_2			
P_3			
P_4			

第 1 年亚洲			
产品	广告	9K	14K
P_1			
P_2			
P_3			
P_4			

第 1 年国际			
产品	广告	9K	14K
P_1			
P_2			
P_3			
P_4			

C

第2年本地			
产品	广告	9K	14K
P_1			
P_2			
P_3			
P_4			

第2年区域			
产品	广告	9K	14K
P_1			
P_2			
P_3			
P_4			

第2年国内			
产品	广告	9K	14K
P_1			
P_2			
P_3			
P_4			

第2年亚洲			
产品	广告	9K	14K
P_1			
P_2			
P_3			
P_4			

第2年国际			
产品	广告	9K	14K
P_1			
P_2			
P_3			
P_4			

C

第3年本地			
产品	广告	9K	14K
P_1			
P_2			
P_3			
P_4			

第3年区域			
产品	广告	9K	14K
P_1			
P_2			
P_3			
P_4			

第3年国内			
产品	广告	9K	14K
P_1			
P_2			
P_3			
P_4			

第3年亚洲			
产品	广告	9K	14K
P_1			
P_2			
P_3			
P_4			

第3年国际			
产品	广告	9K	14K
P_1			
P_2			
P_3			
P_4			

C

第4年本地			
产品	广告	9K	14K
P_1			
P_2			
P_3			
P_4			

第4年区域			
产品	广告	9K	14K
P_1			
P_2			
P_3			
P_4			

第4年国内			
产品	广告	9K	14K
P_1			
P_2			
P_3			
P_4			

第4年亚洲			
产品	广告	9K	14K
P_1			
P_2			
P_3			
P_4			

第4年国际			
产品	广告	9K	14K
P_1			
P_2			
P_3			
P_4			

C

第5年本地			
产品	广告	9K	14K
P_1			
P_2			
P_3			
P_4			

第5年区域			
产品	广告	9K	14K
P_1			
P_2			
P_3			
P_4			

第5年国内			
产品	广告	9K	14K
P_1			
P_2			
P_3			
P_4			

第5年亚洲			
产品	广告	9K	14K
P_1			
P_2			
P_3			
P_4			

第5年国际			
产品	广告	9K	14K
P_1			
P_2			
P_3			
P_4			

C

第6年本地			
产品	广告	9K	14K
P_1			
P_2			
P_3			
P_4			

第6年区域			
产品	广告	9K	14K
P_1			
P_2			
P_3			
P_4			

第6年国内			
产品	广告	9K	14K
P_1			
P_2			
P_3			
P_4			

第6年亚洲			
产品	广告	9K	14K
P_1			
P_2			
P_3			
P_4			

第6年国际			
产品	广告	9K	14K
P_1			
P_2			
P_3			
P_4			

C

第7年本地			
产品	广告	9K	14K
P_1			
P_2			
P_3			
P_4			

第7年区域			
产品	广告	9K	14K
P_1			
P_2			
P_3			
P_4			

第7年国内			
产品	广告	9K	14K
P_1			
P_2			
P_3			
P_4			

第7年亚洲			
产品	广告	9K	14K
P_1			
P_2			
P_3			
P_4			

第7年国际			
产品	广告	9K	14K
P_1			
P_2			
P_3			
P_4			

C

第8年本地			
产品	广告	9K	14K
P_1			
P_2			
P_3			
P_4			

第8年区域			
产品	广告	9K	14K
P_1			
P_2			
P_3			
P_4			

第8年国内			
产品	广告	9K	14K
P_1			
P_2			
P_3			
P_4			

第8年亚洲			
产品	广告	9K	14K
P_1			
P_2			
P_3			
P_4			

第8年国际			
产品	广告	9K	14K
P_1			
P_2			
P_3			
P_4			

第1年本地 D

产品	广告	9K	14K
P₁			
P₂			
P₃			
P₄			

第2年本地 D

产品	广告	9K	14K
P₁			
P₂			
P₃			
P₄			

第3年本地 D

产品	广告	9K	14K
P₁			
P₂			
P₃			
P₄			

第4年本地 D

产品	广告	9K	14K
P₁			
P₂			
P₃			
P₄			

第5年本地 D

产品	广告	9K	14K
P₁			
P₂			
P₃			
P₄			

第6年本地 D

产品	广告	9K	14K
P₁			
P₂			
P₃			
P₄			

第7年本地 D

产品	广告	9K	14K
P₁			
P₂			
P₃			
P₄			

第8年本地 D

产品	广告	9K	14K
P₁			
P₂			
P₃			
P₄			

第1年区域 D

产品	广告	9K	14K
P₁			
P₂			
P₃			
P₄			

第2年区域 D

产品	广告	9K	14K
P₁			
P₂			
P₃			
P₄			

第3年区域 D

产品	广告	9K	14K
P₁			
P₂			
P₃			
P₄			

第4年区域 D

产品	广告	9K	14K
P₁			
P₂			
P₃			
P₄			

第5年区域 D

产品	广告	9K	14K
P₁			
P₂			
P₃			
P₄			

第6年区域 D

产品	广告	9K	14K
P₁			
P₂			
P₃			
P₄			

第7年区域 D

产品	广告	9K	14K
P₁			
P₂			
P₃			
P₄			

第8年区域 D

产品	广告	9K	14K
P₁			
P₂			
P₃			
P₄			

第1年国内 D

产品	广告	9K	14K
P₁			
P₂			
P₃			
P₄			

第2年国内 D

产品	广告	9K	14K
P₁			
P₂			
P₃			
P₄			

第3年国内 D

产品	广告	9K	14K
P₁			
P₂			
P₃			
P₄			

第4年国内 D

产品	广告	9K	14K
P₁			
P₂			
P₃			
P₄			

第5年国内 D

产品	广告	9K	14K
P₁			
P₂			
P₃			
P₄			

第6年国内 D

产品	广告	9K	14K
P₁			
P₂			
P₃			
P₄			

第7年国内 D

产品	广告	9K	14K
P₁			
P₂			
P₃			
P₄			

第8年国内 D

产品	广告	9K	14K
P₁			
P₂			
P₃			
P₄			

第1年亚洲 D

产品	广告	9K	14K
P₁			
P₂			
P₃			
P₄			

第2年亚洲 D

产品	广告	9K	14K
P₁			
P₂			
P₃			
P₄			

第3年亚洲 D

产品	广告	9K	14K
P₁			
P₂			
P₃			
P₄			

第4年亚洲 D

产品	广告	9K	14K
P₁			
P₂			
P₃			
P₄			

第5年亚洲 D

产品	广告	9K	14K
P₁			
P₂			
P₃			
P₄			

第6年亚洲 D

产品	广告	9K	14K
P₁			
P₂			
P₃			
P₄			

第7年亚洲 D

产品	广告	9K	14K
P₁			
P₂			
P₃			
P₄			

第8年亚洲 D

产品	广告	9K	14K
P₁			
P₂			
P₃			
P₄			

第1年国际 D

产品	广告	9K	14K
P₁			
P₂			
P₃			
P₄			

第2年国际 D

产品	广告	9K	14K
P₁			
P₂			
P₃			
P₄			

第3年国际 D

产品	广告	9K	14K
P₁			
P₂			
P₃			
P₄			

第4年国际 D

产品	广告	9K	14K
P₁			
P₂			
P₃			
P₄			

第5年国际 D

产品	广告	9K	14K
P₁			
P₂			
P₃			
P₄			

第6年国际 D

产品	广告	9K	14K
P₁			
P₂			
P₃			
P₄			

第7年国际 D

产品	广告	9K	14K
P₁			
P₂			
P₃			
P₄			

第8年国际 D

产品	广告	9K	14K
P₁			
P₂			
P₃			
P₄			

第1年 本地	广告	9K	14K
产品			
P₁			
P₂			
P₃			
P₄			

第2年 本地	广告	9K	14K
产品			
P₁			
P₂			
P₃			
P₄			

第3年 本地	广告	9K	14K
产品			
P₁			
P₂			
P₃			
P₄			

第4年 本地	广告	9K	14K
产品			
P₁			
P₂			
P₃			
P₄			

第5年 本地	广告	9K	14K
产品			
P₁			
P₂			
P₃			
P₄			

第6年 本地	广告	9K	14K
产品			
P₁			
P₂			
P₃			
P₄			

第7年 本地	广告	9K	14K
产品			
P₁			
P₂			
P₃			
P₄			

第8年 本地	广告	9K	14K
产品			
P₁			
P₂			
P₃			
P₄			

第1年 区域	广告	9K	14K
产品			
P₁			
P₂			
P₃			
P₄			

第2年 区域	广告	9K	14K
产品			
P₁			
P₂			
P₃			
P₄			

第3年 区域	广告	9K	14K
产品			
P₁			
P₂			
P₃			
P₄			

第4年 区域	广告	9K	14K
产品			
P₁			
P₂			
P₃			
P₄			

第5年 区域	广告	9K	14K
产品			
P₁			
P₂			
P₃			
P₄			

第6年 区域	广告	9K	14K
产品			
P₁			
P₂			
P₃			
P₄			

第7年 区域	广告	9K	14K
产品			
P₁			
P₂			
P₃			
P₄			

第8年 区域	广告	9K	14K
产品			
P₁			
P₂			
P₃			
P₄			

第1年 国内	广告	9K	14K
产品			
P₁			
P₂			
P₃			
P₄			

第2年 国内	广告	9K	14K
产品			
P₁			
P₂			
P₃			
P₄			

第3年 国内	广告	9K	14K
产品			
P₁			
P₂			
P₃			
P₄			

第4年 国内	广告	9K	14K
产品			
P₁			
P₂			
P₃			
P₄			

第5年 国内	广告	9K	14K
产品			
P₁			
P₂			
P₃			
P₄			

第6年 国内	广告	9K	14K
产品			
P₁			
P₂			
P₃			
P₄			

第7年 国内	广告	9K	14K
产品			
P₁			
P₂			
P₃			
P₄			

第8年 国内	广告	9K	14K
产品			
P₁			
P₂			
P₃			
P₄			

第1年 亚洲	广告	9K	14K
产品			
P₁			
P₂			
P₃			
P₄			

第2年 亚洲	广告	0K	14K
产品			
P₁			
P₂			
P₃			
P₄			

第3年 亚洲	广告	9K	14K
产品			
P₁			
P₂			
P₃			
P₄			

第4年 亚洲	广告	9K	14K
产品			
P₁			
P₂			
P₃			
P₄			

第5年 亚洲	广告	9K	14K
产品			
P₁			
P₂			
P₃			
P₄			

第6年 亚洲	广告	9K	14K
产品			
P₁			
P₂			
P₃			
P₄			

第7年 亚洲	广告	9K	14K
产品			
P₁			
P₂			
P₃			
P₄			

第8年 亚洲	广告	9K	14K
产品			
P₁			
P₂			
P₃			
P₄			

第1年 国际	广告	9K	14K
产品			
P₁			
P₂			
P₃			
P₄			

第2年 国际	广告	9K	14K
产品			
P₁			
P₂			
P₃			
P₄			

第3年 国际	广告	9K	14K
产品			
P₁			
P₂			
P₃			
P₄			

第4年 国际	广告	9K	14K
产品			
P₁			
P₂			
P₃			
P₄			

第5年 国际	广告	9K	14K
产品			
P₁			
P₂			
P₃			
P₄			

第6年 国际	广告	9K	14K
产品			
P₁			
P₂			
P₃			
P₄			

第7年 国际	广告	9K	14K
产品			
P₁			
P₂			
P₃			
P₄			

第8年 国际	广告	9K	14K
产品			
P₁			
P₂			
P₃			
P₄			

F　F　F　F　F　F　F　F

第 1 年本地			
产品	广告	9K	14K
P_1			
P_2			
P_3			
P_4			

第2年本地			
产品	广告	9K	14K
P_1			
P_2			
P_3			
P_4			

第3年本地			
产品	广告	9K	14K
P_1			
P_2			
P_3			
P_4			

第4年本地			
产品	广告	9K	14K
P_1			
P_2			
P_3			
P_4			

第5年本地			
产品	广告	9K	14K
P_1			
P_2			
P_3			
P_4			

第6年本地			
产品	广告	9K	14K
P_1			
P_2			
P_3			
P_4			

第7年本地			
产品	广告	9K	14K
P_1			
P_2			
P_3			
P_4			

第8年本地			
产品	广告	9K	14K
P_1			
P_2			
P_3			
P_4			

第 1 年区域			
产品	广告	9K	14K
P_1			
P_2			
P_3			
P_4			

第2年区域			
产品	广告	9K	14K
P_1			
P_2			
P_3			
P_4			

第3年区域			
产品	广告	9K	14K
P_1			
P_2			
P_3			
P_4			

第4年区域			
产品	广告	9K	14K
P_1			
P_2			
P_3			
P_4			

第5年区域			
产品	广告	9K	14K
P_1			
P_2			
P_3			
P_4			

第6年区域			
产品	广告	9K	14K
P_1			
P_2			
P_3			
P_4			

第7年区域			
产品	广告	9K	14K
P_1			
P_2			
P_3			
P_4			

第8年区域			
产品	广告	9K	14K
P_1			
P_2			
P_3			
P_4			

第 1 年国内			
产品	广告	9K	14K
P_1			
P_2			
P_3			
P_4			

第2年国内			
产品	广告	9K	14K
P_1			
P_2			
P_3			
P_4			

第3年国内			
产品	广告	9K	14K
P_1			
P_2			
P_3			
P_4			

第4年国内			
产品	广告	9K	14K
P_1			
P_2			
P_3			
P_4			

第5年国内			
产品	广告	9K	14K
P_1			
P_2			
P_3			
P_4			

第6年国内			
产品	广告	9K	14K
P_1			
P_2			
P_3			
P_4			

第7年国内			
产品	广告	9K	14K
P_1			
P_2			
P_3			
P_4			

第8年国内			
产品	广告	9K	14K
P_1			
P_2			
P_3			
P_4			

第 1 年亚洲			
产品	广告	9K	14K
P_1			
P_2			
P_3			
P_4			

第2年亚洲			
产品	广告	9K	14K
P_1			
P_2			
P_3			
P_4			

第3年亚洲			
产品	广告	9K	14K
P_1			
P_2			
P_3			
P_4			

第4年亚洲			
产品	广告	9K	14K
P_1			
P_2			
P_3			
P_4			

第5年亚洲			
产品	广告	9K	14K
P_1			
P_2			
P_3			
P_4			

第6年亚洲			
产品	广告	9K	14K
P_1			
P_2			
P_3			
P_4			

第7年亚洲			
产品	广告	9K	14K
P_1			
P_2			
P_3			
P_4			

第8年亚洲			
产品	广告	9K	14K
P_1			
P_2			
P_3			
P_4			

第 1 年国际			
产品	广告	9K	14K
P_1			
P_2			
P_3			
P_4			

第2年国际			
产品	广告	9K	14K
P_1			
P_2			
P_3			
P_4			

第3年国际			
产品	广告	9K	14K
P_1			
P_2			
P_3			
P_4			

第4年国际			
产品	广告	9K	14K
P_1			
P_2			
P_3			
P_4			

第5年国际			
产品	广告	9K	14K
P_1			
P_2			
P_3			
P_4			

第6年国际			
产品	广告	9K	14K
P_1			
P_2			
P_3			
P_4			

第7年国际			
产品	广告	9K	14K
P_1			
P_2			
P_3			
P_4			

第8年国际			
产品	广告	9K	14K
P_1			
P_2			
P_3			
P_4			

产品	广告	9K	14K
P_1			
P_2			
P_3			
P_4			

第1年本地　G

第2年本地　G

第3年本地　G

第4年本地　G

第5年本地　G

第6年本地　G

第7年本地　G

第8年本地　G

第1年区域

第2年区域

第3年区域

第4年区域

第5年区域

第6年区域

第7年区域

第8年区域

第1年国内

第2年国内

第3年国内

第4年国内

第5年国内

第6年国内

第7年国内

第8年国内

第1年亚洲

第2年亚洲

第3年亚洲

第4年亚洲

第5年亚洲

第6年亚洲

第7年亚洲

第8年亚洲

第1年国际

第2年国际

第3年国际

第4年国际

第5年国际

第6年国际

第7年国际

第8年国际